JN240498

よくわかる！

日本語能力試験
合格テキスト

N2

語彙

南雲智 監修
髙橋麻路 著

はじめに

私たち留学生就職サポート協会は2019年8月に発足した一般社団法人です。日本に留学した外国人留学生が日本の教育機関を卒業後、日本の企業に就職するためのサポートを目的としています。

日本で就職するためには、かなり高度の日本語能力が企業からは求められます。そこで私たちは2021、22年度に日本語能力試験N1に合格できる日本語の力が身につく日本語テキスト5冊（読解、聴解、文法、漢字、語彙）を作成、出版しました。

一方、N1レベルを学習するまでの日本語能力に到達していない日本語の学習者がたくさんいることも知りました。そこで、N1レベルには到達していないけれど、もう少し日本語能力向上の学習をすれば、日本語能力試験N2に合格できるにちがいない学習者の皆さんのために、『よくわかる！日本語能力試験N2合格テキスト』5冊を刊行することにしました。

どの領域も学習者が興味を持ち続け、学習意欲を落とさずに日本語能力が高められるように工夫されています。留学生の皆さんがこの教科書を手にし、最後まで手放さず日本語能力試験N2に合格できることを私たちは心から祈っています。

どうぞ、この『よくわかる！日本語能力試験N2合格テキスト』を信頼して学習を進めていってください。

2024年11月

留学生就職サポート協会理事長　南雲 智

◎この本で学ぼうとしている方へ

　この本では、日本語能力試験N2合格を目指す方だけでなく、より自然な日本語を使って会話をしたり、文を書いたりしたいと考えている方にも役に立つ語彙を取り上げています。

●本書の構成

第1部　新しい言葉を覚えよう
第2部　問題形式に慣れよう
の二つの部分から成り立っています。

　第1部では、試験によく出る語句はもちろん、日本人がよく使う表現を、品詞別に整理してあります。例文を読むことで、語句の意味を、その語句が使われる場面ごと覚えられるようになっています。

　第2部では、第1部で覚えた語句を、実際の日本語能力試験と同じ形式で出題しています。

●本書で使用しているアイコン

意味：語彙の意味を説明した文です。

参考：いっしょに覚えておきたい関連表現や、対義語などで、対義語は「⇔」の記号で示しています。

≒ ：ほぼ同じ意味

●本書の使い方

　第1部は、品詞別に構成されています。難易度順ではありませんから、どの章から始めてもかまいません。提示語彙を使った例文では、その語句がよく使われる場面を取り上げています。語句の意味をただ覚えるだけでなく、場面を想像しながら読んでみてください。

　また、各章には、確認問題がついています。文中に言葉を入れる問題では、前に読んだ例文と合わせて、覚えた語彙がどのように使われるのかを確認しながら問題に取り組みましょう。

　第2部は、実践形式ですので、試験前にぜひチャレンジしてみてください。

よくわかる！日本語能力試験 N2 合格テキスト〈語彙〉　◎目次

第1部　新しい言葉を覚えよう

第1章　名詞を覚えよう！

第2章　動詞を覚えよう！

第2部　問題形式に慣れよう

第3部　解答編

第1部
新しい言葉を覚えよう

■ PART1 ┃ 意味が似ている名詞

1 ┃ 人生

- ・人生は一度きりなんだから、好きなことをしたほうがいい。
- ・その人生は誰のものでもない、君自身のものだ。

一生

- ・今日という日を一生忘れません。
- ・一生この心の傷を抱えていくことになる。

参考 幸せな人生 (≒一生) を送る。

2 ┃ 将来

- ・私は小学生の時、「将来は歌手になりたい」と作文に書いた。
- ・子供の将来が心配だ。

未来

- ・このままでは、地球の未来は明るいとは言えない。
- ・人類の未来について考えてみよう。

3 ┃ 才能

- ・この子には音楽の才能があるのに、本人は全く気づいていない。
- ・才能があるからといって、努力しなければここまで上手くはならない。

能力

- ・運動能力は、努力によって高めることができる。
- ・個人の能力によって給料が決まるのが、「能力主義」の考え方だ。

4　専攻（せんこう）

・大学時代（だいがくじだい）の専攻（せんこう）は、物理学（ぶつりがく）だった。

・大学（だいがく）で教育学（きょういくがく）を専攻（せんこう）している。

専門（せんもん）

・コンピューターの専門学校（せんもんがっこう）で2年間（ねんかんまな）学んだ。

・彼（かれ）は経済学（けいざいがく）の専門家（せんもんか）だ。

5　材料（ざいりょう）

・この料理（りょうり）の材料（ざいりょう）は、すべて近所（きんじょ）の農家（のうか）から仕入（しい）れている。

・判断（はんだん）の材料（ざいりょう）が不足（ふそく）している。

原料（げんりょう）

・石油（せきゆ）を原料（げんりょう）とする製品（せいひん）は数多（かずおお）くある。

・原料（げんりょう）の値上（ねあ）がりで、どの店（みせ）も経営（けいえい）が苦（くる）しい。

6　日程（にってい）

・出発予定（しゅっぱつよてい）の1週間前（しゅうかんまえ）に、ヨーロッパ10日間（かかん）パッケージ旅行（りょこう）の日程表（にっていひょう）が送（おく）られてきた。

・現地（げんち）の台風（たいふう）の被害（ひがい）が大（おお）きく、出張（しゅっちょう）の日程（にってい）を変更（へんこう）しなければならなかった。

予定（よてい）

・今週末（こんしゅうまつ）、何（なに）か予定（よてい）ある？

・社長（しゃちょう）は明日（あした）から3日間（かかん）、タイへ出張（しゅっちょう）の予定（よてい）です。

PART1 | 意味が似ている名詞

7 順番

・並ぶ順番は、くじ引きで決めた。

・1～10番の方、こちらで順番に並んでお待ちください。

順序

・作業の順序を予め決めておく。

・順序よく組み立てる。

8 請求

・専門学校に資料を請求する。

・月末に携帯電話の請求書が郵送で届く。

要求

・職場環境の改善を要求する。

・学生達は図書館の開館時間の延長を要求した。

9 景気

・景気が悪くなると、当然モノが売れなくなる。

・景気の回復には時間がかかりそうだ。

経済

・大学時代の専門は経済でした。

・コロナ対策と経済活動、どちらも大切だが、バランスをとるのが難しい。

10 募集（ぼしゅう）

・店にはアルバイト募集のはり紙が出ていた。
・社員募集の広告を新聞に載せた。

応募（おうぼ）

・社員募集の広告を見て応募したが、面接さえ受けられなかった。

11 感激（かんげき）

・30年ぶりの再会に感激して、言葉も出なかった。
・感激のあまり、大泣きした。

感動（かんどう）

・ある日本映画に感動して、日本語の勉強を始めた。
・二人の厚い友情に感動した。

12 勝負（しょうぶ）

・一対一の勝負で、私が勝った。
・どっちが速いか、勝負しよう。

勝敗（しょうはい）

・勝敗を決めたのは、何と彼のコーナーキックだった。
・試合の勝敗を知らせるニュースが飛び込んできた。

PART1 意味が似ている名詞

13 天気

・今日は一日中天気が悪そうだ。

・天気がいい日の散歩は気持ちいい。

天候

意味 天気より長い期間を表すやや硬い表現

・天候によっては、延期することがあります。

気候

・A：あなたが住んでいる地域の気候はどうですか？

　B：夏は雨が多くて、冬は乾燥しています。

気象

・気象とは大気の状態のことで、虹は気象現象の一つである。

・日本には国の機関として「気象庁」があり、地震や台風、火山の噴火の際には、予報や警報を出す。

14 解答

・答えは解答用紙に書いてください。

回答

・アンケートへのご回答をよろしくお願いします。

15 結論（けつろん）

意味 話（はな）し合（あ）ったり考（かんが）えたりしてから判断（はんだん）したこと

・結論（けつろん）は、文章（ぶんしょう）の最後（さいご）の段落（だんらく）に書（か）かれていることが多（おお）い。

・いろいろ考（かんが）えて出（だ）した結論（けつろん）だから、もう何（なに）も言（い）わないでほしい。

結果（けっか）⇔原因（げんいん）

・模擬試験（もぎしけん）の結果（けっか）が出（で）た。

・話（はな）し合（あ）いの結果（けっか）、二人（ふたり）とも満足（まんぞく）のいく結論（けつろん）となった。

16 区別（くべつ）

・白（しろ）いものと色物（いろもの）は区別（くべつ）して洗濯（せんたく）した方（ほう）がいい。

・双子（ふたご）の兄弟（きょうだい）はあまりにも似（に）ていて、親（おや）が見（み）ても区別（くべつ）がつかないことがある。

差別（さべつ）

・男女差別（だんじょさべつ）、人種差別（じんしゅさべつ）、どんな差別（さべつ）もだめだと、子供（こども）にしっかり教（おし）えなければ

いけない。

参考 ゴミの分別（ぶんべつ）：ゴミを種類（しゅるい）ごとに分（わ）けること

■ PART1 ┃ 意味が似ている名詞

17 延期

・台風のため、野外コンサートは延期になった。

・パスポート紛失のため、帰国を延期しなければならなかった。

延長

・授業が10分も延長されて、アルバイトに遅刻した。

・申し込み期間を、今月末まで延長します。

18 実施

・試験は、毎年7月と12月に実施される。

・本日の検査は、予定通り実施されます。

実行

・彼女は思いついたらすぐ実行するタイプだ。

・彼はやると言ったことは必ず実行する（=やると言ったらやる）。

19 停車

・そのトラックは、荷物の積み下ろしのために5分ほど停車していた。

・ここは停車禁止です。すぐに車を移動してください。

駐車

・買い物から戻ってくると、車に「駐車禁止」のはり紙がはってあった。

・このスーパーの駐車場は、1時間以内なら無料です。

20 　基<ruby>き<rt></rt></ruby>準<ruby>じゅん<rt></rt></ruby>

・決められた基準にしたがって採点する。
・1項目でも合格基準に満たない場合は、不合格となります。

標<ruby>ひょう<rt></rt></ruby>準<ruby>じゅん<rt></rt></ruby>

・私は標準的(=平均的)な家庭で生まれ育った。
・私はやせすぎていて、標準サイズの服は合わない。

■ PART1 ┃ 意味が似ている名詞

確認問題 1

正しい方に○をつけましょう。

（1）（駐車・停車）場が空いていなかったので、道路に車を停めて2時間後に

戻ってくると、（駐車・停車）禁止の紙が、車にはってあった。

（2）雨天の場合、運動会は（延長・延期）となります。

（3）身長が160cmの場合、（標準・基準）体重は、56kgになります。

（4）外見より中身で（勝敗・勝負）するとは言っても、少しは外見も

気にしたほうがいい。

（5）何事も言うだけじゃなくて、（実施・実行）しないと意味がない。

（6）本当にじっくり考えて出した（結果・結論）かと、上司はもう一度

私にたずねた。

（7）コンクールで演奏する（順序・順番）は、くじ引きで決まる。

（8）現地の（天候・気候）によっては、搭乗予定の便が欠航となることがある。

（9）私の（未来・将来）の夢は医者になることだ。

（10）（人生・一生）一度きりなんだから、好きなことをやればいいと、父はいつも

私に言っていた。

（11）社長は、従業員たちの（請求・要求）は絶対に受け入れられないと言った。

（12）（才能・能力）があるからといって、努力しなければ、トップにはなれない。

21 休学
きゅう がく

・治療のため、1年休学することにした。
ち りょう　　　　　　ねんきゅうがく

・1年休学して、アメリカに留学した。
ねんきゅうがく　　　　　　　　りゅうがく

休講
きゅう こう

・教授が学会出席のため、来週の講義は休講となります。
きょうじゅ　がっかいしゅっせき　　　　らいしゅう　こう ぎ　きゅうこう

22 施設
し せつ

・高齢者施設はどこも人手不足だ。
こうれいしゃ し せつ　　　　ひと で ぶ そく

・駅前の大きな商業施設で火事があった。
えきまえ　おお　　しょうぎょうし せつ　か じ

設備
せつ び

・マンションの消火設備点検は、毎月行われる。
しょうか せつ び てんけん　　　　まいつきおこな

・この大学では設備の整った研究室で、好きなだけ実験ができる。
だいがく　　　せつ び　ととの　けんきゅうしつ　す　　　　　　じっけん

23 評価
ひょう か

・私の父は、会社での評価は高いようだが、家庭ではいい父親とは言えない。
わたし　ちち　かいしゃ　ひょうか　たか　　　　か てい　　　　　　ちちおや　い

・日本語の4技能を、それぞれABCの3段階で評価する。
に ほん ご　ぎ のう　　　　　　　　　　だんかい　ひょうか

評判
ひょう ばん

・あの先生は、授業がとてもおもしろいと、学生の間で評判がいい。
せんせい　じゅぎょう　　　　　　　　がくせい　あいだ　ひょうばん

・近所の歯科医院は評判があまりよくないので、隣町の歯医者に通っている。
きんじょ　し か い いん　ひょうばん　　　　　　　　　　となりまち　は いしゃ　かよ

■ PART1 ｜ 意味が似ている名詞 ｜

批判

・首相は、政府に対する国民の批判的な意見をしっかり受け止めるべきだ。

・彼の行動は、周りの人たちからかなりの批判を受けた。

批評

・監督の新作映画を見た多くの批評家たちは、素晴らしい作品だと言った。

・私が書いた小説を友達に批評してもらった。

24 中央

・道の中央に大きな穴があいていた。

・部屋の中央に大きなテーブルを置いた。

中間

・A駅とB駅の中間地点に、新しくC駅ができるそうだ。

・アメリカでは、大統領の4年の任期が半分過ぎたところで、中間選挙が行われる。

中心

・その店は、関西を中心に九州から関東まで50店舗もあるチェーン店だ。

・彼はこのチームの中心選手として活躍した。

25 休養

・最近働きすぎだよ。体を壊す前に、休養を取ったほうがいい。

・医師に、しばらく仕事のことは忘れて休養した方がいいと言われた。

休憩（きゅうけい）

・試験当日（しけんとうじつ）は、読解文法（どっかいぶんぽう）の試験（しけん）と、聴解（ちょうかい）の試験（しけん）の間（あいだ）に15分（ふん）の休憩（きゅうけい）があります。
・社員（しゃいん）は、仕事（しごと）の合間（あいま）に休憩室（きゅうけいしつ）でお茶（ちゃ）を飲（の）みながらおしゃべりする。

休暇（きゅうか）

・今年（ことし）の夏期休暇（かききゅうか）は、軽井沢（かるいざわ）で過（す）ごすつもりだ。
・有給休暇（ゆうきゅうきゅうか）を取（と）って、海外旅行（かいがいりょこう）に行（い）ってきた。

26 登場（とうじょう）

・主役（しゅやく）が舞台（ぶたい）に登場（とうじょう）すると、大（おお）きな拍手（はくしゅ）が起（お）こった。
・その映画（えいが）の登場人物（とうじょうじんぶつ）は、皆個性（みなこせい）豊（ゆた）かでおもしろい。

出場（しゅつじょう）

・けがで、試合（しあい）に出場（しゅつじょう）できなくなった。
・コンクール出場者（しゅつじょうしゃ）は、今（いま）すぐロビーに集（あつ）まってください。

27 救助（きゅうじょ）

・川（かわ）でおぼれていた子供（こども）を救助（きゅうじょ）して、警察（けいさつ）から感謝状（かんしゃじょう）をもらった。
・災害地（さいがいち）での救助活動（きゅうじょかつどう）は、一刻（いっこく）を争（あらそ）う（＝一秒（いちびょう）でも早（はや）く動（うご）かなければならない）。

援助（えんじょ）

・いろいろな事情（じじょう）で生活（せいかつ）に困（こま）っている人（ひと）たちを経済的（けいざいてき）に援助（えんじょ）する制度（せいど）がある。
・先進国（せんしんこく）は、発展途上国（はってんとじょうこく）に対（たい）して技術的（ぎじゅつてき）な援助（えんじょ）を積極的（せっきょくてき）に行（おこな）っている。

PART1 意味が似ている名詞

28　経営

・会社を経営している間、何度も倒産の危機に見舞われた。
・父は飲食店を経営している。

営業

・この店の営業時間は午前10時から午後7時までです。
・私にはお客様と直接会う営業の仕事より、事務の方が向いていると思う。

29　混乱

・頭が混乱して、自分でも何を言っているのかわからなくなった。
・台風による停電で、大きな混乱が生じた。

混雑

・会場は、大勢の人で混雑していた。
・バスの中では、混雑のあまり身動き一つできなかった。

30　削減

・会社は人員削減の方針を発表する前に、その他の経費削減に努めるべきだ。

削除

・表のこの部分は必要ないと思うから削除しておいてください。
・彼女の名前は、候補者名簿から削除されていた。

31 制作（せいさく）

意味 主（おも）に芸術作品（げいじゅつさくひん）や放送番組（ほうそうばんぐみ）などを作（つく）ること

・この映画（えいが）は日米共同制作（にちべいきょうどうせいさく）だ。

・将来（しょうらい）はアニメの制作会社（せいさくがいしゃ）に就職（しゅうしょく）したい。

製作（せいさく）

意味 主（おも）に道具（どうぐ）や機械（きかい）を使（つか）って物品（ぶっぴん）を作（つく）ること

・大学時代（だいがくじだい）は、ロボットの製作（せいさく）に夢中（むちゅう）だった。

32 尊敬（そんけい）

・私（わたし）が尊敬（そんけい）している人（ひと）は、両親（りょうしん）です。

・その先生（せんせい）は、生徒（せいと）たちに尊敬（そんけい）されていた。

尊重（そんちょう）

・少数（しょうすう）の意見（いけん）も尊重（そんちょう）しなければならない。

・夫婦（ふうふ）はお互（たが）いに尊重（そんちょう）し合（あ）うことが大切（たいせつ）だ。

33 調整（ちょうせい）

・コンサートツアーのために、メンバーのスケジュールを調整（ちょうせい）する。

・彼女（かのじょ）はチームの調整役（ちょうせいやく）としてみんなの意見（いけん）を聞（き）いてくれるので、信頼（しんらい）されている。

調節（ちょうせつ）

・最近（さいきん）のエアコンは、自動的（じどうてき）に温度（おんど）を調節（ちょうせつ）する。

・リモコンで音量調節（おんりょうちょうせつ）ができる。

■ PART1 意味が似ている名詞

34 宣伝

・新商品をテレビのCMで宣伝する。

・宣伝用のパンフレットを大量に印刷した。

広告

・今朝の新聞広告に、うちの会社の新商品が載っていた。

・アルバイト募集の広告を見て、応募しました。

35 発見

・このドラマは何度見ても、新しい発見があって飽きない。

・その人物は、行方不明になった場所から遠く離れた町で発見された。

発明

・エジソンは電球をはじめ、生活に役立つものを発明した。また、彼が残した「失敗は成功の母」という言葉は、今でも私たちに失敗を恐れない勇気を与えてくれる。

36 活動

・トラは夜行性の動物なので、昼間は寝て、夜に活動する。

・その俳優はデビュー以来、ドラマや映画など、映像中心の活動を続けている。

活躍

・芸能界で活躍しているA氏は、実は私の伯父である。

・今後ますますのご活躍を心から祈っています。

正しい方に〇をつけましょう。

（1）経費（削除・削減）のため、コピー用紙を無駄に使わないようにしてください。

（2）その件につきましては、社長のスケジュールを（調節・調整）してから、

お返事させていただきます。

（3）会社を（営業・経営）するのは、簡単なことではない。

（4）この高齢者向けのマンションは、スーパーやコンビニの他、医療（施設・

設備）もマンションの目の前にあって安心だ。

（5）このチームが試合に勝てたのは、キャプテンを（中央・中心）に、一つに

まとまっているからだ。

（6）今年の夏の（休息・休憩・休暇）は、どこへ旅行に行こうか考えている。

（7）他人の（評判・評価）を気にし過ぎてはいけないが、（批評・批判）家の

言葉は気になる。

（8）試験の前にコロナに感染するといけないので、（混乱・混雑）した場所には

なるべく行かないようにしている。

（9）我が家では子供の意見もちゃんと聞いて、（尊重・尊敬）するようにしている。

（10）自然災害の現場での（救助・援助）活動は、1分1秒が命にかかわる、時間との

戦いだ。

（11）週末は環境保護のためのボランティア（活動・活躍）に参加している。

（12）警察は事件の現場で、犯人のものと見られる手袋を（発明・発見）した。

PART2 「する」をつけて動詞にもなる名詞

1 誤解

・何か誤解しているようだが、私と彼は恋人でも何でもない。

・田中先生は見た目で厳しいと誤解されやすいが、実は、授業中面白いことを言って
よく学生を笑わせる。

2 交際

・私たち、実は2年ほど前から交際しています。

・親戚のお葬式や友達の結婚式などで、今月も交際費が予算を上回ってしまった。

3 謙遜

・妹はまだまだ修行中だと言って謙遜するが、その料理の腕前は大したものだ。

・日本語が上手だとほめると、マークさんは「まだまだです」といつも謙遜する。

4 自慢

・部長の自慢話はもう聞き飽きた。

・頭がよくて、優しくて、自慢の息子です。

5 意識

・その話を聞いた時は、ショックで一瞬意識を失ったが、すぐに回復した。

・彼は小さい時からずっと一緒だったから、男として意識したことは一度もありません。

6 考慮（こうりょ）

・これまでの成績（せいせき）も考慮（こうりょ）して、最終的（さいしゅうてき）に合格（ごうかく）か不合格（ふごうかく）かを判断（はんだん）します。
・今回（こんかい）の配置替（はいちが）えでは、本人（ほんにん）の希望（きぼう）も考慮（こうりょ）します。

7 対立（たいりつ）

・両者（りょうしゃ）の対立（たいりつ）は、深（ふか）くなる一方（いっぽう）だった。
・チーム内（ない）で意見（いけん）が対立（たいりつ）した場合（ばあい）は、分（わ）かり合（あ）えるまできちんと話（はな）し合（あ）うべきだ。

8 引退（いんたい）

・人生（じんせい）100年（ねん）と言（い）われるこの時代（じだい）に、60歳（さい）で引退（いんたい）を考（かんが）えるのは早（はや）すぎる。
・プロスポーツの選手（せんしゅ）の多（おお）くは、引退（いんたい）した後（あと）の生活（せいかつ）をどうするか、若（わか）い時（とき）から考（かんが）えている。

9 伝言（でんごん）

・部長（ぶちょう）が外出中（がいしゅつちゅう）だったので、客先（きゃくさき）からの伝言（でんごん）をメモで残（のこ）しておいた。
・A：お世話（せわ）になっております。A社（しゃ）の田中（たなか）と申（もう）しますが、鈴木（すずき）さんは

　　いらっしゃいますか。
　B：申（もう）し訳（わけ）ございません。鈴木（すずき）はただ今外出（いまがいしゅつ）しております。

　　よろしければ、ご伝言（でんごん）を承（うけたまわ）りますが。

10 納得（なっとく）

・社長（しゃちょう）は、社員（しゃいん）が納得（なっとく）できるような説明（せつめい）をきちんとするべきだ。
・彼（かれ）の自分勝手（じぶんかって）な行動（こうどう）は、どうしても納得（なっとく）できない。

■ PART2 ｜「する」をつけて動詞にもなる名詞

11 仲直り

・あの二人は、けんかをしてもすぐ仲直りするから、心配しなくてもいい。

・仲直りのきっかけがなかなかつかめないまま、時間だけが過ぎていった。

12 無視

・子供がいる前で信号無視して、横断歩道を渡るべきではない。

・反対意見も無視しないで、きちんと聞くべきだ。

13 安定

・一時はどうなることかと思いましたが、今は心身ともに安定した状態です。

・我が国の物価は高めだが、円安のため来日する外国人は多い。

14 一致

・言っていることと、していることが一致しない人は、信用できない。

・部屋に落ちていた頭髪のDNAが、犯人のものと一致した。

15 違反

・どんな場合でも、ルール違反は許されない。

・校則に違反する生徒もいる。

16 影響（えいきょう）

・新型（しんがた）コロナウイルスの世界的（せかいてき）な流行（りゅうこう）が、世界経済（せかいけいざい）に影響（えいきょう）を与えたことは言（い）うまでもない。

・両親（りょうしん）の本好（ほんず）きが影響（えいきょう）したのか、私（わたし）は本（ほん）が手元（てもと）にないと不安（ふあん）になる。

17 依頼（いらい）

・弁護士（べんごし）は、どんなことがあっても依頼人（いらいにん）の秘密（ひみつ）を守（まも）らなければならない。

・この仕事（しごと）は、専門業者（せんもんぎょうしゃ）に依頼（いらい）した方（ほう）がいい。

18 引用（いんよう）

・最後（さいご）に論語（ろんご）の一節（いっせつ）を引用（いんよう）して論文（ろんぶん）を締（し）めくくった。

・レポートの中（なか）の引用部分（いんようぶぶん）は、「　　　」で表（あらわ）す。

19 汚染（おせん）

・工場排水（こうじょうはいすい）をそのまま川（かわ）に流（なが）せば海（うみ）も汚染（おせん）されてしまう。

・近年（きんねん）、PM2.5※による大気汚染（たいきおせん）が問題（もんだい）となっている国（くに）が多（おお）い。

　※PM2.5：大気中（たいきちゅう）に浮（う）かんでいる非常（ひじょう）に小（ちい）さな粒子（りゅうし）

20 解決（かいけつ）

・問題解決（もんだいかいけつ）のための努力（どりょく）を重（かさ）ねているが、国（くに）と国（くに）の争（あらそ）いを解決（かいけつ）することは容易（ようい）ではない。

・その問題（もんだい）は、既（すで）に解決済（かいけつず）みだ。

■ PART2 ｜「する」をつけて動詞にもなる名詞｜

21　開発

・ゴルフ場開発に関する開発会社の説明には納得できないと、住民は言っている。
・B社は新薬を開発したが、国が認定するまでかなり時間がかかった。

22　解放

・取引先の忘年会で3次会まで付き合わされて、午前2時ごろようやく解放された。
・人質の解放が一番で、犯人の逮捕はその次だ。

23　感染

・インフルエンザに感染すると、急に高熱が出る。
・感染を防ぐためには、手洗いやうがい、そしてマスクの着用が大切だ。

24　管理

・コンピューターを使った在庫管理ができるようになって、仕事がとても楽に

　なった。
・隣の家のご主人は、ビルを管理する会社に勤めている。

25　企画

・新製品を企画するメンバーを募集している。
・先月、新しいイベントの企画を任された。

確認問題 **1**

下の□の中から正しいことばを選んで（　　　　）に入れましょう。

（1）（　　　　）された水が、工場から近くの川へ流れ出して、川魚が次々に

死んでいった。

（2）週末は仕事から（　　　　）されて、ゆったり過ごしたいのに、携帯電話に

仕事の電話がかかってくることがある。

（3）建設計画の変更を伝えると、住民たちは変更理由に（　　　　）できないと

反対した。

（4）私が話しかけているのに、彼女はそれを（　　　　）して行ってしまった。

（5）A選手は（　　　　）会見で、選手生活に悔いはない、やれることは全部

やったと言っていた。

（6）近年は環境保護を（　　　　）した商品（　　　　）が求められている。

（7）今まで私は彼を（　　　　）していたようだ。彼は実はとてもまじめで

いい人だった。

（8）失恋の痛みは時間が（　　　　）してくれると言うけれど、この痛みは

なかなか消えない。

（9）鈴木部長、すみません！　A社の田中さんからの（　　　　）をお伝えする

のを忘れてました。

（10）この件に関しては、めずらしく二人の意見が（　　　　）した。

汚染・伝言・無視・感染・誤解・納得・解放

開発・引退・意識・影響・管理・一致・解決

PART2 「する」をつけて動詞にもなる名詞

26 期待

・両親は私が大学院へ進むことを期待しているようだ。
・新しい化粧品を使ってみたが、効果はイマイチで期待外れだった。

27 工夫

・母は、好き嫌いの多い弟に何とか食べさせようと、調理方法を工夫している。
・この仕事は工夫一つで、残業時間を減らすことができる。

28 苦労

・父は苦労の甲斐があって、やっとマイホームを手に入れた。
・我が子が苦労する姿は見たくないと、母は言う。

29 検討

・この資料をお持ち帰りになって、ご家族といっしょにじっくりご検討ください。
・上司とも相談して、内容をよく検討した上で、お返事させていただきます。

30 継続

・そのプロジェクトは来期以降も継続されることになった。
・「継続は力なり」、何事もすぐにあきらめないで、続けることが大切だ。

31 構成

・このドラマは前編後編の2部構成となっており、2夜連続で放送される。
・日本の国会は、参議院と衆議院のふたつの議院で構成されている。

32 撮影 (さつえい)

・そのドラマの撮影(さつえい)は、深夜(しんや)から明(あ)け方(がた)まで続(つづ)くこともあった。
・ここ数年(すうねん)、映画(えいが)やドラマの撮影技術(さつえいぎじゅつ)の進歩(しんぽ)はめざましい。

33 実現 (じつげん)

・これだけ頑張(がんば)っているのだから、彼(かれ)は目標(もくひょう)を達成(たっせい)するだろう。
・計画(けいかく)はすばらしいが、実現(じつげん)するためには、より一層(いっそう)の努力(どりょく)が必要(ひつよう)だ。

34 重視 (じゅうし)

・会社経営(かいしゃけいえい)で最(もっと)も重視(じゅうし)することは何(なん)ですか?——やはり「人(ひと)」ですね。
・重視(じゅうし)の対義語(たいぎご)、つまり反対語(はんたいご)は軽視(けいし)です。

35 収集 (しゅうしゅう)

・燃(も)えるごみの収集日(しゅうしゅうび)はいつですか。
・子供(こども)の頃(ころ)から収集(しゅうしゅう)した切手(きって)は1000枚(まい)を超(こ)える。

36 主張 (しゅちょう)

・彼(かれ)の主張(しゅちょう)が通(とお)り、計画(けいかく)は変更(へんこう)になった。
・私(わたし)たちはもっと市民(しみん)としての権利(けんり)を主張(しゅちょう)するべきだ。

37 出世 (しゅっせ)

・彼(かれ)は私(わたし)たち同期(どうき)の中(なか)で一番早(いちばんはや)く出世(しゅっせ)した。
・この小説(しょうせつ)が彼女(かのじょ)の出世作(しゅっせさく)となった。

PART2 ┃「する」をつけて動詞にもなる名詞┃

38 消化

・食べる時によく噛まないと、消化に悪い。

・今日の講義の内容はすべて消化した（＝理解して自分のものにした）。

39 上昇 ⇔ 下降

・物価の上昇が止まらない。

・真夏の車内の温度は、エンジン停止後30分で50度近くまで上昇する。

40 上達

・この子は上達が早いと、先生にほめられた。

・1年ぶりに教え子に会ったら、日本語がかなり上達していた。

41 衝突

・交差点で、トラックとバイクの衝突事故があった。

・二人は仕事中、よく意見が衝突するが、仕事が終わると仲良く飲みに行く。

42 消費

・無駄に時間を消費してしまった。　・米の消費量は、年々減っている。

・個人消費はあまり伸びていない。

43 処理

・このコンピューターは、データ処理がとても速い。

・トラックで運ばれてきた廃材はここで処理される。

44 　診察 (しん さつ)

・念（ねん）のため、総合病院（そうごうびょういん）で診察（しんさつ）してもらった方（ほう）がいいと思（おも）う。
・診察時間（しんさつじかん）は午前（ごぜん）9時（じ）から12時（じ）と、午後（ごご）2時（じ）から6時（じ）です。

45 　申請 (しん せい)

・ビザは1か月前（げつまえ）に申請（しんせい）した。
・奨学金（しょうがくきん）の申請書（しんせいしょ）に必要事項（ひつようじこう）を記入（きにゅう）した。

46 　進歩 (しん ぽ)

・科学技術（かがくぎじゅつ）の進歩（しんぽ）のおかげで、私（わたし）たちの生活（せいかつ）は便利（べんり）になった。
・医学（いがく）が進歩（しんぽ）して、早期発見（そうきはっけん）と適切（てきせつ）な治療（ちりょう）で治（なお）る病気（びょうき）が増（ふ）えている。

47 　推薦 (すい せん)

・クラスの代表（だいひょう）に、田中（たなか）さんを推薦（すいせん）した。
・大学（だいがく）に提出（ていしゅつ）する推薦書（すいせんしょ）を先生（せんせい）に書（か）いてもらった。

48 　制限 (せい げん)

・工事（こうじ）のため、マンションの駐車場（ちゅうしゃじょう）の利用（りよう）が制限（せいげん）されている。
・海外（かいがい）からの旅行者（りょこうしゃ）受（う）け入（い）れの制限（せいげん）が、2年（ねん）ぶりになくなった。

49 　生産 (せい さん)

・大量生産（たいりょうせいさん）でコストを節約（せつやく）できる。
・日本（にほん）で消費（しょうひ）される米（こめ）の多（おお）くは、新潟県（にいがたけん）や東北地方（とうほくちほう）で生産（せいさん）されている。

PART2 ｜「する」をつけて動詞にもなる名詞｜

50 接続

・先生はタブレットをテレビに接続して、授業中にYouTubeを見せてくれる。
・接続詞は、文と文を結ぶ働きをする。

51 設定

・夏は、エアコンの設定温度を28度にしている。
・パスワードを設定してください。

52 測定

・小中学校では、毎年体力測定が行われる。
・毎日、気温の変化を測定して記録しています。

確認問題 2

次の□の中から正しいことばを選んで（　　　　）に入れましょう。

制限・工夫・実現・進歩・上達・主張・推薦
設定・処理・重視・継続・期待・苦労・構成

（1）売り上げを伸ばすためには、販売方法にもう少し（　　　　）が必要だ。

（2）面接で家族（　　　　）を聞かれ、両親と祖母と妹の5人で暮らしていると

答えた。

（3）夢の（　　　　　）にはまだまだ遠いが、引き続き努力していこうと思う。

（4）結婚相手は、長い間いっしょに暮らすのだから、外見ではなく、

性格を（　　　　　）するべきだと思う。

（5）彼女は（　　　　　）が強いので、チームで取り組む仕事には向いていない。

（6）語学学習において、初級では（　　　　　）が目に見えやすいが、上級にも

なると、そうはいかない。

（7）学校の先生は事務（　　　　　）に時間をとられ、授業の準備に使う時間が

足りていない。

（8）先生はスピーチコンテストのクラス代表に木村さんを（　　　　　）した。

（9）新しくケータイやパソコンを買ったら、使い始める前に初期（　　　　　）を

しなければならない。

（10）この映画は年齢（　　　　　）があり、中学生の息子は見ることができない。

（11）子供の頃、親の（　　　　　）が大きすぎて、それにこたえられない自分が

大嫌いだった。

（12）親は子供に、自分と同じ（　　　　　）はさせたくない、子供の幸せな姿だけ

を見ていたいと思うものだ。

■ PART3 ┃ その他の名詞 ┃

1 動作を表す名詞

お辞儀（をする）

参考 お辞儀の「辞」は言葉、「儀」は形を意味する

・お辞儀はあいさつだけでなく、見えない心の中も表す。

徒歩

・私が通っている学校は、駅から徒歩（＝歩いて）5分のとても便利なところにある。

文句

意味 「文句を言う」＝相手に不満を言う

・友達から来るのが遅いと文句を言われた。

参考 決まり文句：同じ場面でいつも使われる、決まったことば

手間

意味 何かをするのに必要な力、時間

・仕事が忙しくて、料理に手間をかけることはできない。

・このやり方ではお金と手間がかかるから、他の方法をさがしてみよう。

・時間がないから、できるだけ手間を省いていこう。

2 健康に関する名詞

医療

・コロナの大流行で、医療機関（=病院など）で治療を受けられない人が大勢いた。

・私の両親は、医療関係の仕事をしています。

参考 （○）治療する（×）医療する

症状

・インフルエンザの主な症状は、高熱やせき、のどの痛みなど風邪によく似ている。
・発熱などの症状がある場合は、病院へ来る前にまず電話で相談してください。

食欲（がある／ない）

・毎年夏になると、暑さに負けて食欲がなくなる。
・今日は食欲がないから、朝ごはんはいらない。

遺伝

・どうやら、私の病気は遺伝によるものらしい。
・親から遺伝するものは、いいものばかりではない。

花粉症

・毎年三月から四月にかけて、花粉症のせいで仕事に集中できない。
・目のかゆみは花粉症の主な症状の一つだ。

睡眠

・今読んでいる小説が面白くて、最近睡眠不足だ。
・健康のためには、食事や運動だけでなく、十分な睡眠が必要だ。

寿命

意味 生まれてから死ぬまでの時間
・日本人の平均寿命は、女性の方が男性より長い。
・スマホのバッテリー寿命はたった2～3年だそうです。

PART3┃その他の名詞

3 自然に関する名詞

快晴

・今日は快晴だ。窓を開けると、雲一つない青空が広がっていた。

・天気予報によると、明日は快晴で、雨が降る確率は0%だそうです。

霧

・霧のため、朝のうちは富士山が見えなかった。

・霧が濃い山道では、車の運転に注意が必要だ。

にわか雨

・今日はにわか雨が降るかもしれないから、かさを持って行った方がいい。

・天気予報で午後はにわか雨に注意って言っていたよ。

吹雪

・吹雪で1m先も見えない。

・この吹雪の中、車の運転は危険だ。

参考 紙吹雪、花吹雪

噴火

・この島は、火山の噴火によってできた。

・近年、火山の噴火活動が活発になっている。

夕立

・夕立に遭って、びしょぬれになった。

・朝晴れていたのに、午後に夕立が来て、外に干した洗濯ものが濡れてしまった。

災害 （さいがい）

・地震や台風など、日本は災害が多い国だ。

・災害救助犬が活躍するニュースをテレビで見た。

参考 災害が起こる／災害に遭う

茎 （くき）

・じゃがいもは、根ではなく、茎であることを知っている人は少ない。

・茎には葉や花を支える役目がある。

種 （たね）

・庭にあさがおの花の種をまいたら、1週間後に芽が出た。

・最近は種なしの果物が多くて、食べやすい。

つぼみ

・3月に暖かい日が続くと、桜のつぼみが膨らみ始める。

・つぼみを食べる野菜にはブロッコリーがあります。

4 時間に関する名詞 （じかんにかんするめいし）

今後 （こんご）

・今後もいろいろな物の値上げが続くだろう。

・今後、このような間違いが二度とないように、気をつけてください。

参考 今後ともどうぞよろしくお願いします。〈決まった言い方〉

■ PART3 ┃ その他の名詞 ┃

初旬

意味 ひと月の1日〜10日頃までを言う

・日本では、10月から11月初旬にかけて各地で美しい紅葉が見られます。

・10月初旬から、4回目のワクチン接種受付が始まる予定です。

参考 中旬・下旬

当時

・結婚当時は、夫が言う通りに何でもしてあげられたが、子供が生まれてからは、難しくなった。

・終戦当時は食べ物がなくていつもお腹がすいていたと、祖母は私に言った。

年代

・この曲は、1980年代に若者の間で流行った。

・日本の歴史を、年代順に整理して覚える。

年中

・この店は、年中無休です。

本日

・当レストランの本日のおすすめメニューは、○○でございます。

・本日はお忙しい中お越しくださり、誠にありがとうございます。

翼日（=その次の日）

・彼は仕事があるからと言って、手術の翼日に退院した。

・飲み会の翼日は、朝起きるのがつらい。

日帰り

意味 宿泊しないで、一日のうちに行って帰ってくること

・デートで日帰り旅行を楽しんだ。

・最近、日帰りバスツアーが人気だ。

5　社会に関する名詞

憲　法

・日本国憲法には、国民は平和を守り、二度と戦争をしないと書かれている。

・国民の生活は、いろいろな面で憲法によって守られている。

国　家

・国民一人一人が、国家のメンバーである。

・日本は民主主義国家である。

裁　判

・日本では、裁判所が出した判決に不満がある場合、3回まで裁判を受けられる。

・国民が裁判員に参加する裁判員制度は、2009年に始まった。

■ PART3 | その他の名詞 |

政府

・政府が国全体の政治を行う。

・政府は、災害対策を強化すると発表した。

組織

・彼は社長になると、まず会社の組織改革に取り組んだ。

・東京オリンピック・パラリンピック大会組織委員会は、すべての仕事を終えて、
2022年6月30日に解散した。

高齢化

・高齢化が進むにつれ、介護の人材不足や医療保険の負担増など、今後さまざまな
問題が深刻になっていくだろう。

・高齢化と同時に、少子化の問題についても早急に対策が必要だ。

確認問題 1

正しいものに〇をつけましょう。

（1）3月に入ると、桜のつぼみが（開き・ふくらみ・出）始める。

（2）（今日・本日・当時）は、お忙しいところ、私たちのためにお集まりくださり、

誠にありがとうございます。

（3）朝は快晴だったのに、会社の帰りに（霧・夕立・災害）に遭って、

びしょぬれになってしまった。

（4）（睡眠・食欲・勉強）不足は、子供の体の成長に悪い影響を与える。

（5）忙しい妻が手間を（かけて・はぶいて・かかって）作ってくれた料理は、

たとえまずくても、感謝して残さず食べるようにしている。

（6）急速に進む（少子化・高齢化・組織化）に関しては、医療保険や介護など、

制度改革を急がなければならない問題が山のようにある。

（7）今回の海外出張の日程は、とても（長くて・苦しくて・厳しくて）、

食事や観光を楽しむ時間はもちろん、寝る時間さえ十分にとれなかった。

（8）新型コロナウイルスの（治療・医療・症状）に使える薬は、まだ日本では

作られていない。

■ PART3┃その他の名詞┃

6　人に関する名詞

児童

・この図書館には、子供にぜひ読ませたい児童文学書がそろっています。
・近所の児童館では、学校帰りの小学生が集まって遊んでいる。

成人

・日本では2022年4月に20歳から18歳に成人年齢が引き下げられた。
・成人になったことを祝う成人式は、各自治体で行われる。

著者

・その本の著者に会って、サインをもらった。
・著者紹介にあった、その著者の過去の作品も読んでみた。

同僚

・昨日は同僚と飲みに行って、仕事の悩みを聞いてもらった。
・10歳も年下の同僚に教えられることもある。

双子

・双子の姉とは顔がよく似ていて、クラスメートもよく間違える。
・双子なのに、私と妹は性格が全然違う。

孫

・祖母の誕生日には、私を含めて10人の孫たちが集まってお祝いをする。
・今年20歳になるお孫さんを見て、いくつになっても孫はかわいいと、

　そのおばあさんは言っていた。

7　お金に関する名詞

価格

・ここ数年で、この家の価格は2倍近くになった。

・こっちの店では、他の店より安い価格で売られていた。

金融

・大学生の息子は、銀行や保険会社、証券会社など金融業界に興味があるらしい。

・私の父は、金融関係の会社に勤めている。

景気（がいい／悪い）

・景気がいい時はボーナスをたくさんもらえたが、ここ数年はコロナ禍で業績が下がり、ボーナスも減る一方だ。

・コロナ禍で落ち込んだ景気の回復が期待されている。

紙幣

・彼はポケットから、1ドル紙幣を3枚取り出した。

・日本では20年ぶりに紙幣のデザインが新しくなった。

費用

・車の修理費用は、親が立て替えてくれた。

・この研究にかけられた費用は、数千万円にも上る。

PART3 | その他の名詞

8　抽象名詞

価値

・自分にとっては全く価値のないものでも、他の人にとってはとても大切なものかもしれない。

・この映画は、見る価値があるのかどうかよくわからない。

きっかけ

・私たちは、学生時代にあることをきっかけに友達になった。

・日本語を勉強しようと思ったきっかけはジブリのアニメです。

希望

・その留学生は、日本企業への就職を希望している。

・希望がかなって、来月から編集部に異動になった。

形式

・形式ばかり考えていると、内容のない、つまらないものになってしまう。

・形式も大事だが、中身のほうがもっと大切だ。

参考

・この資料を参考に、論文を書いた。

・市民のみなさんから頂いた意見を参考にして、改善に取り組みます。

立場

・相手の立場に立って、考えてみよう。

・親の立場と子供の立場では、ものの見方が全く違うことがある。

日常 (にちじょう)

・日常生活に必要なものは、たいてい100円ショップで買える。

・その歌手は、日常の小さな出来事を歌詞にすることが多いそうだ。

皮肉 (ひにく)

意味 間接的に非難すること

・意地悪な上司はいつも私に皮肉を言う。

・皮肉やユーモアがたっぷり入った小説はおもしろい。

用途 (ようと)

・この税金の用途をきちんと説明してください。

・この道具の用途は何ですか。

余裕 (よゆう)(がある／ない)

・仕事が忙しすぎて、家族とゆっくり話す時間も、心の余裕もなかった。

・今日のテストは、全部解答してから2度も見直すほど、時間の余裕があった。

理想 (りそう)

・私の理想のタイプは、優しくてユーモアのある人です。

・理想と現実には大きな違いがあるものだ。

話題 (わだい)

・その商品はとても便利だと、若者の間で話題になっている。

・話題が豊富な人と話していると、とても楽しくて時間が経つのを忘れる。

■ PART3 ┃ その他の名詞 ┃

能率（のうりつ）

・上司に仕事の能率をもっと上げるように言われた。

・そのやり方では能率が悪いから、別の方法を考えよう。

機嫌（きげん）

・誰にでも機嫌のいい時と悪い時があるものだ。

・彼女はお腹が空くと機嫌が悪くなる。

9 ┃ 場所に関する名詞

頂上（ちょうじょう）

・6時間かけて、やっと頂上にたどり着いた。

・頂上からの眺めは、想像していた以上に素晴らしいものだった。

端（はし）

・彼が机の端に置いてあるコーヒーカップを落とさないか、ひやひや（＝心配）した。

・小さな女の子が一人、道路の端に座り込んでいた。

斜め（ななめ）

・銀行の斜め向かいに郵便局があります。

・ここに斜めに線を引いてください。

車道（しゃどう）／歩道（ほどう）

・日本では、自転車は車道の左側を走ることになっている。

・車道と歩道がきちんと分けられている道路は、歩行者が安心して歩ける。

現場
（げんば）

・事故の現場からテレビ中継が行われている。
（じこ）（げんば）（ちゅうけい）（おこな）

・教育現場では、先生たちの働き過ぎが問題になっている。
（きょういくげんば）（せんせい）（はたら）（す）（もんだい）

突き当り
（つ）（あた）

意味 右図で示す場所
（みぎず）（しめ）（ばしょ）

・このろうかの突き当りに私の部屋があります。
（つ）（あた）（わたし）（へや）

・この道の突き当りを右に曲がると、スーパーがあります。
（みち）（つ）（あた）

10 | 動詞が名詞化したことば
（どうし）（めいしか）

集まり（←集まる）
（あつ）（あつ）

・地域の集まりに参加する。
（ち）（いき）（あつ）（さんか）

問い合わせ（←問い合わせる）
（と）（あ）（と）（あ）

・この商品に関する問い合わせが、一日に数百件に上った。
（しょうひん）（かん）（と）（あ）（いちにち）（すうひゃくけん）（のぼ）

流れ（←流れる）
（なが）（なが）

・川の流れは思ったより早くて、おぼれそうになった。
（かわ）（なが）（おも）（はや）

眺め（←眺める）
（なが）（なが）

・最上階の部屋からの眺めは最高だ。遠くに富士山も見える。
（さいじょうかい）（へや）（なが）（さいこう）（とお）（ふじさん）（み）

もうけ（←もうける）

・株の売買で大もうけした。
（かぶ）（ばいばい）（おお）

・もうけは弟と半分ずつ分けることにした。
（おとうと）（はんぶん）（わ）

PART3 その他の名詞

好み（←好む）

・私たちは双子でも好みが全く違う。

・このデザインは私の好みではない。

通りがかり（←通りがかる）

・通りがかりの人に急に声をかけられて驚いた。

・うちの犬は時々通りがかりの人にほえる。

ふれ合い（←ふれ合う）

・動物とのふれ合いは心の健康にいいそうだ。

・高齢者と子供たちのふれ合いの機会を作りたいと思った。

正しいものに○をつけましょう。

（1）私たち二人は誰が見てもそっくりな（孫・双子・同僚）だが、すべての

ものにおいて、（好み・楽しみ・好き）が全く違う。

（2）大変な思いをして登った山の（端・頂上・現場）からの（流れ・眺め・

見た目）は、言葉にできないくらいすばらしいものだった。

（3）子供がまだ小さい頃、親はたいてい我が子には何か特別な（能率・理想・

才能）があると思ってしまうものだ。

（4）（機嫌・景気・余裕）が悪い人には近づかないのが一番だ。

（5）大学進学にかかる（費用・金融・価格）は年々高くなり、奨学金を

申請する学生が増え続けている。

（6）彼女には欠点が一つも見当たらず、まさに私の（希望・理想・思想）の

人だった。

（7）（もうけ・きっかけ・突き当り）のない話には興味のないうちの父は、

ボランティア活動を楽しむ私とは話が合わない。

（8）（児童・著者・親）の立場で考えると、この本は子供には読ませたくない。

■ PART1 ┃ 意味が似ている動詞 ┃

1 　腹が立つ

・授業をサボってばかりの友達が、試験の前にノートを貸してくれというので、
とても腹が立った。
・上司のひどい言葉に腹が立ったが、我慢して最後まで聞いた。

怒る

・失敗をして課長に怒られた。
・課長は顔を真っ赤にして怒った。
・あの人が怒ることはめったにない。

2 　移転する

・このたび、わが社の工場は海外に移転することになりました。
・弁護士事務所の所長である友達から、事務所の移転通知が届いた。

引っ越す

・去年の3月、夫の転勤で大阪から埼玉へ引っ越しました。
・先週引っ越したばかりで、まだこの町のことは何もわからない。

3 　おわびする

・このたびご迷惑をおかけした方々に、心からおわび申し上げます。
・先方は、直接会っておわびしたいそうだ。

謝る
（あやまる）

・昨日友達とけんかしたが、私が謝って仲直りした。
・自分が悪いと思ったら、言い訳などしないですぐ謝るべきだ。

4 担ぐ
（かつぐ）

意味 物を肩の上に乗せる

・大きな荷物を担いで階段をのぼったら、
　腰が痛くなった。
・祭りで初めてみこしを担いだ。

背負う
（せおう）

意味 物や人を背中に乗せる

・昼間、ランドセルを背負った小学生がひとりで公園にいるのを見かけた。
・最近では、赤ちゃんを背負う親の姿はめったに見られない。

5 超える
（こえる）

意味 上回る

・7月に入ってから毎日35度を超える猛暑日が続いている。
・月に100時間を超える残業が続き、彼は心も体も疲れ切っていた。

PART1 意味が似ている動詞

越える

意味 通り過ぎる

・そこには国境を越えようとする人が大勢集まっていた。

・その車はセンターラインを越えて、トラックと正面からぶつかった。

参考 塀を飛び越える、困難を乗り越える

6 探す

意味 欲しいものや見つけたいものを探す

・主人公は宝物を探す旅に出た。

・大学に近いアパートを探す。

捜す

意味 失くしたものや見えないものを捜す

・恋人からもらった指輪を失くしてしまい、家の中を捜しまわった。

・突然いなくなった猫を捜す。

7 近づく

・結婚式の日が近づくと、なぜか不安になってきた。

・台風が沖縄に近づいています。

近寄る

・彼は私にもっと近寄るように合図した。

・工事中なのでそこには近寄ってはいけないと言われた。

参考 「近づく」は日付や物にも使えるが、「近寄る」は人間や動物だけ

8 ていせい
訂正する

意味 誤りを正しく直す

・パンフレットの文章の誤りを訂正する。

・先日の会議での発言を訂正して、おわびします。

しゅうせい
修正する

意味 足りないところや、適当ではないと思われるところを直す

・ポスターのこの部分だけ修正すれば、あとは大丈夫です。

・原稿の中でいくつか修正したところがありますので、ご確認ください。

9 はったつ
発達する

意味 成長する様子

・私たちは子供の脳の発達に関する研究に取り組んでいる。

・台風が急速に発達しながら、関東地方に近づいています。

はってん
発展する

意味 物事が大きくなったり、勢いが強くなったりする様子

・20世紀後半になって、工業が発展し始めた。

・彼はこの地域の発展に力を尽くした。

参考 生物の体や気象現象以外は「発達」に言い換えが可能な場合もある

PART1 意味が似ている動詞

10 引き返す

意味 予定を変えて、途中から反対の方向に進むこと

・空港へ向かう途中で、パスポートを忘れたことに気づき、すぐに引き返した。

・会社を出ようとしたところで忘れ物に気づいて、あわてて引き返した。

戻る

・友達は日本語学校を卒業した後、国へ戻って自分の会社を作った。

・チャイムが鳴ったらすぐ自分の席に戻りなさい。

11 普及する

意味 知識や物の使用が、広く一般的になること

・今や、インターネットは世界中に普及しており、様々な情報を得ることができる。

・マイナンバーカードはまだそれほど普及していないが、政府が普及率を上げようとしている。

広まる

・悪いニュースやうわさはすぐに広まる。

・SDGsに対する理解が世界的に広まってきている。

12 理解する

意味 考え方や気持ちなどについてわかっている（わかっている度合いが深い）

・この文型の使い方を本当に理解したかどうか、問題を解いてみればわかる。

・彼は私の気持ちを理解してくれる、世界でただ一人の人だ。

了解する
りょうかい

意味 情報や状況などについてわかっている（わかっている度合いが浅い）

・今回のプロジェクトの概要について、上司が了解してくれた。

・この件につきましては、取引先の了解を得ております。

■ PART1 ｜ 意味が似ている動詞 ｜

確認問題

正しいほうを選びましょう。

（1）ドラマでは登場人物たちにいろいろなことが起こっても、元の所に

（ もどって・ひきかえして ）幸せになることが多い。

（2）家の前の電柱に「子犬を（ 捜して・探して ）います。」という写真入りの

はり紙がはってあった。

（3）両親はいつも私がやることに（ 了解・理解 ）を示して、心から

応援してくれた。

（4）その店の評判はあっという間に（ 普及した・広まった ）。

（5）新曲はCDの売り上げが1週間で180万枚を（ 越える・超える ）

大ヒットとなった。

（6）資料の間違いを（ 修正・訂正 ）してから、もう一度見せるようにと

上司に言われた。

（7）長引くマスク生活は子供の（ 発達・発展 ）に少なからず影響を

与えるだろう。

（8）長かった会社員生活も、そろそろ終わりに（ 近づいて・近寄って ）きた。

（9）部長はいつ見ても（ 泣いた・怒った ）ような不機嫌な顔をしている。

（10）A：大阪支店の（ 転入・移転 ）はいつだっけ？

B：確か来週の金曜日だよ。

■ PART2 | 意味がたくさんある動詞 |

1 出る

・結果が出る　・効果が出る。
・新商品が出る。
・スピーチコンテストに出る　・試合に出る　・テレビに出る。
・大学を出る。

2 かける

・ズボンにアイロンをかける。
・車のエンジンをかける。
・帰ろうとした時、部長に声をかけられた。
・週に1度掃除機をかける。
・豆腐にしょう油をかけて食べる。
・ハンガーにコートをかける。

3 切れる

・牛乳の賞味期限が切れる。　・パスポートの有効期限が切れる。
・リモコンの電池が切れる。
・油が切れていたので、スーパーへ買いに行った。

4 落ちる

・洗濯したら、色が落ちた。
・さめると味が落ちるから、早く食べよう。
・選挙に落ちる。
・昨年度に比べると、売り上げが10％落ちた。

■ PART2 ｜ 意味がたくさんある動詞 ｜

5 当たる

・宝くじが当たる。　　・天気予報が当たる。

・日（＝太陽の光）／照明が当たる。

・ボールが顔に当たる。

6 入る

・風／日（＝太陽の光）が入る。

・アルバイト料が入ったら、焼き肉を食べに行こう。

・会社に入る。　　・学校に入る。

・耳に入る（＝聞こえる）。　　・目に入る（＝見える）。

7 破る

・敵を破ってどんどん進んだ。

・大会のこれまでの記録を破って、優勝した。

・彼が約束を破ったりするはずがない。

8 取る

・商品を手に取って見る。　　・おかずを小皿に取る。

・めがねを取る（＝はずす）。　　・ぼうしを取る（＝ぬぐ）。

・卒業に必要な単位を取る。

・有給休暇を取る（＝もらう）。

・指定席を取る。　　・コンサートのチケットを取る。

・食事を取る（＝する）。

・注文を取る（＝聞く、受ける）。

9 崩す

・砂で作った山を崩す。

・字を崩して書かれると、読みにくい。

・体調を崩して、学校を休んだ。

・一万円札を千円札に崩す。

10 注ぐ

・川の水が海に注ぐ。

・グラスにビールを注ぐ。

・新しい事業に力を注ぐ。

11 刻む

・ネギを細かく刻む。

・石に文字を刻む。

・時計は正確に時を刻む。

・感動を胸に刻む。

PART2 | 意味がたくさんある動詞 |

確認問題

□の中から適当な動詞を選んで、正しい形にして入れましょう。

刻む・かける・出る・当たる・取る

落ちる・崩す・注ぐ・切れる・破る

（1）そのブラウスはしわになるといけないので、必ずハンガーに＿＿＿＿＿＿

おいてください。

（2）注文する前に席を＿＿＿＿＿＿おいた方がいいよ。この時間は混んでいるから。

（3）漢字には草書体といって、早く書くために字を＿＿＿＿＿＿たり、省略したり

した形のものがある。

（4）うちの息子は遊んでばかりいて、全く勉強しないから、成績は＿＿＿＿＿＿

一方だ。

（5）グラスにビールを＿＿＿＿＿＿時、泡だらけにならないようにするコツがある。

（6）ボーナスが＿＿＿＿＿＿ら、まず母に何かプレゼントを買おうと思っている。

（7）彼は昨年出した自分自身の最高記録を＿＿＿＿＿＿、また世界新記録を

打ち出した。

（8）商店街のくじ引きで一等賞が＿＿＿＿＿＿、折り畳み式自転車をもらった。

（9）働きすぎて体調を＿＿＿＿＿＿ように、適当に休んでくださいね。

（10）プロ野球で優勝したチームは、試合終了後にビールを＿＿＿＿＿＿合って

優勝を祝う。

（11）A：どうして電話に出なかったの？　心配したよ。

　　　B：ごめん、携帯電話のバッテリーが＿＿＿＿＿＿いたんだ。

(12)「一度コンクールに＿＿＿＿＿みたら？」と先生に勧められた。

(13) その時の感動をしっかりと心に＿＿＿＿＿、一生忘れないようにしようと思う。

PART3 ｜複合動詞｜

1 受け〜

①受け取る

・玄関で荷物を受け取る。

・アメリカに住んでいる友達から結婚式の招待状を受け取った。

②受け持つ

・4月から、2年生のクラスを受け持つことになりました。

・PTAの役員会で、私は会計と書記の2つの役を一人で受け持っていた。

参考 PTA（＝Parent-Teacher Association）：生徒の保護者と先生で構成された組織

③受け入れる

・反対意見でも、受け入れるべきものは受け入れるつもりだ。

・この旅館は、地震被害で避難してきた人々を一時的に受け入れている。

2 追い〜

①追いかける

・高校を卒業して離れ離れになった恋人を追いかけて、東京までやってきました。

・ボールを追いかけている間は、嫌なことを忘れることができる。

②追い越す

・息子は私の背を追い越して、私はいつの間にか息子を見上げるようになった。

・高速道路で何台もの車に追い越された。みんなそんなに急いでどこに行くのだろう。

③追いつく

・先進国に追いつけ、追い越せと急速に発展してきた国々が、先進国が昔抱えていた問題に直面している。

3 取り〜

①取り上げる

・彼は机の上にあった一枚の紙を取り上げて、私に見せた。
・今日の協議では、賃金引上げに関する問題を取り上げる予定だ。

②取り入れる

・外に干しておいた洗濯ものを取り入れる。
・栄養を体内に取り入れる。
・日本は1800年代後半から外国の文化を積極的に取り入れるようになった。

③取り返す

・前半が終わって2点差で負けていたが、後半に入ってすぐ2点取り返した。
・その子は友達に取られたボールを取り返した。

④取り組む

・彼女は日本語の勉強に一生懸命取り組んでいる。
・難しい課題にも積極的に取り組む彼に、まわりの人々も協力した。

⑤取り消す

・出発日の1週間前までに旅行代金が支払われない場合、予約は取り消される。
・彼は今日になって、昨日の会議での発言を取り消した。

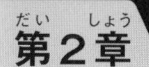
■ PART3 ┃複合動詞┃

⑥取り付ける

・車にカーナビ（ゲーションシステム）を取り付ける。

・カメラに三脚を取り付ける。

参考 カーナビ（ゲーションシステム）=car navigation system

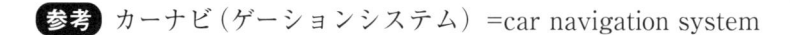

4 ┃差し〜

①差し込む

・コンセントにプラグを差し込む。

・部屋に太陽の光が差し込む。

②差し出す

・手を差し出して握手を求める。

・娘のためなら命さえも差し出すことができる。

③差し引く

・売り上げから材料費や光熱費などを差し引くと、手元に残るお金はわずかだ。

・給料から税金が差し引かれる。

5 ┃乗り〜

①乗り遅れる

・いつものバスに乗り遅れて、1時間目の授業に間に合わなかった。

・流行に乗り遅れないように、毎月ファッション雑誌に目を通している。

②乗り越える

・泥棒は塀を乗り越えて、家に侵入した。

・いくつもの困難を乗り越えて、二人は結婚した。

③乗り越す

・仕事で疲れた日は、帰りの電車で眠ってしまい、乗り越して終点まで

行ってしまうことがある。

④乗り継ぐ

・電車とバスをいくつも乗り継いで、山のふもとにある友達の家を訪ねた。

・その国までの直行便はないので、飛行機を乗り継いで行かなければならない。

6 引き〜

①引き受ける

・そんなに責任の重い仕事を、簡単に引き受けるわけにはいかない。

・大学進学の際、先生は身元保証人を快く引き受けてくれた。

②引き込む

・興味がないと言う友達を何とか引き込んで、ようやくロックバンドを結成した。

・美しい歌声に引き込まれるように、観客は舞台の上の彼女を見つめていた。

③引き出す

・留学のために、預金をすべて引き出した。

・その映画監督は俳優の隠れた魅力を引き出すのが上手いと言われている。

PART3 ｜複合動詞｜

④引き止（留）める

・帰ろうとした客を引き留める。

・彼はうちのチームに引き止めておきたかった選手だ。

7 ｜引っ〜

①引っかかる

・風船が木の枝に引っかかっている。

・電気コードに足が引っかかって転んでしまった。

②引っ込む

・その店は大通りから引っ込んだ、人通りの少ないところにある。

・ダイエットして、この出過ぎたお腹を少し引っ込めなくちゃ。

③引っ張る

・このひもを引っ張ると、くす玉が割れる。

・社長はさすがに人を引っ張っていく能力がある。

・ゴムを引っ張ってばかりいると、伸びてしまう。

8 ｜見〜

①見送る

・羽田空港で留学する友達を見送った。

・大学進学のために上京する彼を、駅まで見送った。

②見慣れる

・今年の同窓会も見慣れた顔が集まった。

・久しぶりに故郷に帰ったら、なぜか見慣れない町に見えた。

③見習う

・学生時代、少しはお兄ちゃんを見習って勉強しなさいとよく母に叱られた。

・人の良いところだけを見習うべきだ。

9 持ち～

①持ち上げる

・片手で大きな荷物を持ち上げる。

・10kgのバーベルを持ち上げる。

②持ち合わせる

・俳優Aは、美しい容姿だけでなく、しっかりした演技力も持ち合わせている。

・その時は、5千円しか持ち合わせがなかった。

③持ち込む

・店へのドリンクの持ち込みはご遠慮くださいと書いてあった。

・余震が怖くて、車に毛布やまくらを持ち込んで、車中で一夜を過ごした。

PART3 ┃ 複合動詞 ┃

10 〜上がる

・焼き上がったケーキをみんなで食べた。

・1年かかってようやく作品が出来上がった。

・ご飯が炊き上がったことを知らせるメロディーが聞こえてきた。

11 〜かける

①話しかける

・新幹線の中で、となりの席の人が、私に話しかけてきた。

・仕事中に話しかけないでください。

②呼びかける

・年末になると、駅前で助け合い募金を呼びかける光景をよく目にする。

・政府は電力の節約を国民に呼びかけた。

12 〜込む

①落ち込む

・試験に落ちて落ち込んでいる友達をなぐさめた。

・落ち込んだ時には、何も考えずに寝ることにしている。

②駆け込む

・急にお腹が痛くなって、トイレに駆け込んだ。

・締め切り当日に窓口に駆け込んで、何とか間に合った。

③染み込む

・汗のにおいがシャツに染み込んでなかなか取れない。

・この店のおでんは、味がよく染み込んでいておいしい。

④信じ込む

・彼の話は本当だと信じ込んでいたが、実はうそだった。

・長い間信じ込んでいたことが正しいとは限らない。

⑤住み込む

・高校の野球部の寮に住み込んで、野球部員の食事や洗濯など身の回りの
世話をしている。

・長年住み込みで働いてくれた家政婦さんにやめられて困っている。

⑥座り込む

・驚きのあまり、体の力が抜けてその場に座り込んでしまった。

・会社をクビになった社員たちは、本社の玄関前に座り込んで抗議した。

⑦頼み込む

・今度A社で制作するドラマの主人公に、ぜひうちの事務所の俳優を
使ってほしいと頼み込んだ。

・メンバーが足りないからと、親しい友人に頼み込まれて仕方なく日曜日の
サッカーの試合に出ることにした。

■ PART3 ┃複合動詞┃

⑧黙り込む

・初対面の二人はあいさつだけすると、黙り込んでしまった。

・質問したのに黙り込まれると困ってしまう。

⑨詰め込む

・試験の前の日にあわてて詰め込んだ知識は、すぐに忘れてしまうものだ。

・かばんに書類を詰め込んで、あわてて家を出た。

13 ～出す

①何かを始める

・高校生の娘は突然留学したいと言い出した。

・友達が、話しているうちに急に泣き出したのでびっくりした。

参考 歩き出す、歌い出す、怒り出すなど

②モノを外へ出す

・テキストの文を抜き出して、ノートに書くことで覚えた。

・ここにある図書は館外へ持ち出してはいけない。

参考 貸し出す、連れ出すなど

14 直す

意味 もう一度する

・母が作っておいてくれた料理を温め直して食べた。

・テストで時間が余ったら、必ず答えを見直しましょう。

参考 考え直す、書き直す、作り直すなど

15 | 回る

意味 同じ動作を繰り返す

・子供たちは休み時間に運動場で走り回って遊んでいる。

・京都市内を歩き回った後、ホテルに戻って少し休んだ。

参考 逃げ回る、動き回るなど

第2章

■ PART3 ┃複合動詞┃

下線部の複合動詞を□の中から選んで完成させましょう。

```
かけ・直す・越え・出し・組ん

持つ・込ん・上がっ・引き・差し
```

（1）今学期、このクラスを受け（　　　　　　）ことになった髙橋です。

　　よろしくお願いします。

（2）泣いていた赤ちゃんが、母親の顔を見て笑い（　　　　　）た。

（3）いつも明るくて元気な友達が、自分のミスで試合に負けたと、めずらしく

　　落ち（　　　　　）でいた。

（4）田中さんは、嫌と言えない性格で、頼まれた仕事は何でも

　　（　　　　　）受けてしまう。

（5）この学校では、全校生徒がゴミを減らす運動に取り（　　　　　　）でいるそうだ。

（6）彼女は、若い時からいくつもの困難を乗り（　　　　　）て、やっと幸せな

　　生活を手に入れた。

（7）アイドルを追い（　　　　　　）て、家まで押しかける（＝招待されないのに行く）

　　ファンがいるらしい。

（8）思ったより時間がかかって苦労したが、昨日ようやく作品が出来（　　　　　　）た。

（9）窓から穏やかな午後の日差しが（　　　　　）込んでいた。

（10）テストが早く終わったら、出す前にもう一度見（　　　　　）ようにしている。

■ PART4 | その他の動詞 | ❶動作に関する動詞

1 扱う

・その機械は、十分注意して扱わないとけがをする。

・息子ももう18歳なのだから、大人として扱うべきだ。

2 うなずく

・彼女は、僕のプロポーズの言葉に黙ってうなずいた。

・母はいつも私の話をうなずきながら聞いてくれた。

3 削る

・持っていたナイフで竹を削って、子供達に

竹とんぼをつくってあげた。

・予算を大幅に削られて、番組制作は難しくなる一方だ。

4 漕ぐ

・ボートを漕ぐのは思ったより力が要る。

・自転車のペダルをおもいきり漕ぐと、さわやかな風が気持ちよかった。

5 くっつける

・のりで、この部分とこの部分をくっつけてください。

・二人は寒さから体を守るため、体をくっつけるようにして座っていた。

6 絞る

・レモンを絞って紅茶に入れる。　・濡れた雑巾を絞る。

・豆腐の水気を絞ってから、鍋に入れてください。

■ PART4 ┃ その他の動詞 ┃❶動作に関する動詞

7　つかむ

・腕をつかまれて振り向くと、さっき改札口で別れた彼が目の前にいた。

・私はその時、夢をかなえるチャンスをつかんだ。

・その歌には若者の心をつかむ何かがあるらしい。

8　積む

・机の上に資料が山のように積んであった。

・車に積む荷物はこれで全部です。

9　縫う

・母は学校に持っていく雑巾を縫ってくれた。

・家庭科の時間に、ミシンでスカートを縫った。

10　跳ねる

・公園では子供達が飛んだり跳ねたりして遊んでいる。

・揚げ物をしている時、油が跳ねてやけどをした。

11　ひねる

・このつまみをひねるとガスがつくようになっている。

・山道で転んで、足首をひねってしまった。

12　触れる

・彼と並んで歩いている時、手と手が触れてドキドキした。

・作品に手を触れないでください。

13 招く（まねく）

・結婚式に上司や同僚を招く。

・誤解を招くことがないように、言葉には気をつけたほうがいい。

14 狙う（ねらう）

・的を狙って打ったのに、的から大きく外れてしまった。

・彼は狙った獲物は逃さないことで有名だ。

15 求める（もとめる）

・人はみんな幸せを求めて生きている。

・企業は常に優秀な人材を求めている。

16 味わう（あじわう）

・旬の食べ物を味わう。　・昔の名作を味わう（=鑑賞する）。

17 暴れる（あばれる）

・突然乗っていた馬が暴れ出したため、馬から落ちて腰の骨を折る大けがをした。

・サッカーの試合では、観客が興奮して暴れることがある。

18 しばる

・新聞・雑誌をひもでしばる。

・規則や時間にしばられて、自由に行動できない。

PART4 その他の動詞 ❶動作に関する動詞

確認問題 1

□ の中から動詞を選んで、適当な形にして入れましょう。

触れる・招く・縛る・扱う・暴れる・ひねる・味わう

縫う・絞る・跳ねる・狙う・つかむ・積む

くっつける・漕ぐ・うなずく・求める・削る

（1）その物質は空気に（　　　　　　）と固まりやすい。

（2）（　　　　　　）ながら聞くと、話し手に安心感が生まれる。

（3）自由を（　　　　　　）、人々は立ち上がった。それがこの国の民主主義の
始まりだった。

（4）今の子供達はナイフでえんぴつを（　　　　　　）ことができないそうだ。

（5）社長の地位を（　　　　　　）いる人は山ほどいるが、簡単になれるものでは
ない。

（6）ぶどうを（　　　　　　）ワインを作る。

（7）彼女はよく友達を自分の家に（　　　　　　）、午後のお茶を楽しむ。

（8）彼女が僕を弟のように（　　　　　　）ことがあるが、いい気がしない。

（9）子供の頃、「よくかんで、（　　　　　　）食べなさい。」と母によく言われた。

（10）男はそこにあった灰皿を（　　　　　　）と、いきなり床に投げつけた。

（11）その子はベッドの上で飛んだり（　　　　　　）して喜んだ。

（12）このスカートは買ったのではなく、母が（　　　　　　）くれたものだ。

■ PART4 │ その他の動詞 │ ❷状態を表す動詞

1 当てはまる

・彼女の理想に当てはまるような男性は、なかなかいない。

・次の条件に当てはまる人を募集しています。

2 あふれる

・彼女の目には涙があふれ、やがて流れ落ちた。

・この町は若者が多く住んでいて、活気にあふれている。

3 目立つ

・芸能界で活躍しているAは、学生時代はクラスでも全く目立たない存在だった。

・黒や白の車は汚れが目立ちやすい。

4 浮く

・水面に何か浮いているものが見えた。

・石油タンカーの事故があった海は、辺り一面に油が

浮いていた。

5 かかわる

・私はこの問題には一切かかわっていない。

・これは命にかかわる問題だ。

6 気づく

・提出する前にもう一度見直したら、綴りの間違いに気づいた。

・君に対する自分の気持ちに、どうして今まで気づかなかったのだろう。

PART4｜その他の動詞｜❷状態を表す動詞

7 凍る

・この湖は冬になると凍るので、スケートができるそうだ。

・血も凍るような恐怖を味わった。

8 仕上がる

・原稿が仕上がってほっとしている。

・このレポートは2、3日中に仕上がるだろう。

9 すれ違う

・その子は道ですれ違っても誰かわからないくらい、大きく立派に成長していた。

・彼とは人生の大事な場面で、いつもすれ違ってばかりいた。

10 生じる

・毎回同じようにやったつもりでも、違いが生じてしまうものだ。

・信号故障のため、ただいま30分程度の遅れが生じております。

参考 変化、誤解、無理、問題などが生じる

11 ずれる

・その時計は5分ずれている。

・雨で試合開始時間がずれた。

参考 彼は感覚が少しずれている。(他の人の感覚と違うという意味)

12 迫る（せま）

・原稿（げんこう）の締め切り（しき）が迫って（せま）あせっている。

・危険（きけん）が身（み）に迫って（せま）くるのを感じた（かん）。

・必要（ひつよう）に迫られて（せま）スマートフォンを購入（こうにゅう）した。

13 適する（てき）

・この辺り（あた）は米作り（こめづくり）に適した（てき）土地（とち）だ。

・このプロジェクトの責任者（せきにんしゃ）に適した（てき）人物（じんぶつ）を探して（さが）いる。

14 とがる

・先（さき）のとがった鉛筆（えんぴつ）が1本（ぽん）しかない。

・SNSの反応（はんのう）にいちいち神経（しんけい）をとがらせて（=敏感（びんかん）になって）いたら身（み）が持たない（も）。

・部長（ぶちょう）はとがった声（こえ）（=興奮（こうふん）して高く（たか）なった声（こえ））で、部下（ぶか）の名前（なまえ）を呼んだ（よ）。

15 長引く（ながび）

・国民（こくみん）は長引く（ながび）不況（ふきょう）から抜け出す（ぬ・だ）政策（せいさく）を望んで（のぞ）いる。

・授業（じゅぎょう）が長引いて（ながび）、アルバイトに遅刻（ちこく）しそうになった。

16 含む（ふく）

・薬（くすり）は先（さき）に水（みず）を口（くち）に含んで（ふく）一気（いっき）に飲み込む（の・こ）ものだ。

・この料理（りょうり）には様々（さまざま）な栄養分（えいようぶん）が含まれて（ふく）いる。

■ PART4 | その他の動詞 | ❷状態を表す動詞

17　ふくらむ

・3月に入ると、早くも桜のつぼみがふくらみ始める。

・18歳の春、これから始まる大学生活への期待に胸をふくらませて入学式に

のぞんだ。

□の中から動詞を選んで、適当な形にして入れましょう（1回ずつしか使えません）。

背負う・ずれる・ふくらむ・すれ違う・あふれる・長引く
あてはまる・かかわる・とがる・仕上がる・迫る・適する
生じる・凍る・気づく・含む・浮く・目立つ

（1）就職の面接では、白いシャツに黒や紺のスーツなどの（　　　　　）ない服装が好まれる傾向がある。

（2）初めてビールをグラスに注いだ時、どのくらい注げばいいのかわからず、泡が（　　　　　）しまった。

（3）長い付き合いの男友達との関係に、ある日、変化が（　　　　　）。

（4）背筋が（　　　　　）ような怖い話を聞かされて、その夜は眠れなかった。

（5）作品は今月中に（　　　　　）と思います。（　　　　　）次第、ご連絡いたします。

（6）親がいつも子供の様子をよく見ていれば、小さな変化にも（　　　　　）ものだ。

（7）お待たせして申し訳ありません。会議が（　　　　　）しまいまして。

（8）憧れの先輩と廊下で（　　　　　）たびに、ドキドキしていた。

（9）妊娠9か月の大きく（　　　　　）お腹を抱えて、母は畑仕事に出ていたそうだ。

（10）論文の締め切りが明日に（　　　　　）いるというのに、友達は遊びに出かけている。

（11）すいかは水分をたっぷり（　　　　　）いるので、汗で水分が不足しやすい夏に食べると体にいい。

（12）昔、母親は赤ちゃんを（　　　　　）畑仕事や家事をしたものだ。

PART4 その他の動詞 ❸気持ちに関係のある動詞

1 あきれる

・若い頃は周りの人があきれるほどよく食べたものだ。

・妹は家族があきれるほどの犬好きだ。

・彼がデートに30分も遅刻した理由を聞いて、あきれて何も言えなかった。

2 憧れる

・私は子供の頃から、宇宙飛行士に憧れていた。

・娘はBTSに憧れて、ダンスと歌を習い始めた。

3 敬う

・昔は子供は親を、学生は先生を敬うのは当たり前だったが、最近では

　敬うというより友達のような関係が増えているらしい。

・私は子供の頃、年上の人を敬うように教えられた。

4 恨む

・自分の失敗だから、だれも恨むわけにはいかない。

・人を恨まず、罪を恨めと言うが、それはなかなか難しい。

5 恐れる

・上司に、若い時は失敗を恐れず、何でもやってみろとよく言われたものだ。

・自然災害を恐れてばかりいないで、しっかり備えておきましょう。

6　怒鳴る

・昔運動部では、監督やコーチに怒鳴られるのは当たり前だった。

・いつも物静かな人が怒鳴り声を上げたのでびっくりした。

7　慰める

・落ち込んでいる私を、彼は優しく慰めてくれた。

・失敗して落ち込むたびに、愛犬がそばにいて慰めてくれた。

8　にらむ

・車内で騒ぐ子供たちをじろりとにらんだが、母親たちはおしゃべりに夢中で

　気がつかないようだった。

・デートに遅刻してきた僕を彼女は一瞬にらんだが、持っていた花束を差し出すと、

　笑顔になった。

9　励ます

・仕事で失敗した友達を励まそうと、飲み会に誘った。

・テストの結果が悪かった私を、担任の先生は叱らずに励ましてくれた。

10　へこむ

・追突されて、車体の一部がへこんでしまったが、幸いけがはなかった。

・あの子は、先生に叱られてへこむような

　子ではないから、心配しなくてもいい。

第2章

■ PART4 ┃ その他の動詞 ┃ ❹マイナス(−) のイメージを持つ動詞

1 誤る

意味 間違える

・選択を誤ったんじゃないかと不安になっても、自分を信じてほしい。

・この顧客は対応を誤ると大変なことになるから、慎重に対応してください。

参考 謝る

2 荒れる／荒らす

・徹夜をすると肌が荒れる。

・冬の海は荒れるから気をつけてください。

・イノシシが山から下りて来て畑を荒らすので、
困っている。

3 失う

・大会で記録が伸びなくて、彼はすっかり自信を失っていた。

・彼はすべてを失っても、またゼロから始めようとしている。

4 疑う

・他人を疑うことを知らない、純粋な心を持つ人もいる。

・その実験がうまくいくか疑う人もいたが、大成功だった。

5 奪う

・その男は私のバッグを奪って走り去った。

・新しい法律によって、多くの人々の自由が奪われることになった。

6 裏切る

・努力が成果をもたらすものであり、努力は裏切らないと言われた。
・日本代表は世間の予想を裏切って、ベスト16まで勝ち残った。

7 劣る

・この選手は、技術は他の選手と比べて劣っているが、持久力はある。
・弟は兄と比べると、学力の面では劣っていたが、スポーツや芸術においては、才能があった。

参考 ⇔優れる

8 溺れる

・子供の頃、川で溺れて以来、水が怖い。
・その皇帝は緊張と不安から酒に溺れて体を壊し、若くして亡くなった。

9 欠ける (=足りない)

・このチームは、誰か一人欠けても戦えない。ひとりひとりが大切な存在だ。
・あの大臣の話は具体性に欠けていて、説得力がない。

参考 ほかに積極性、説得力、盛り上がり、迫力に欠けるなど

10 傾く

・地震で家が傾いた。
・いつもそばで優しく見守ってくれる彼に、少しずつ気持ちが傾いていった。

参考 日が傾く(=太陽が西に沈もうとしている)

■ PART4 | その他の動詞 | ❹マイナス(−) のイメージを持つ動詞

11 偏る

・偏った考え方をすれば、人生の大切な選択を誤る可能性がある。

・その子は好き嫌いが激しくて、栄養が偏っていた。

12 つまずく

・道に落ちていた石につまずいて、転びそうになった。

・受験や就職でつまずいても、人生はそれで終わりじゃない。何度でもやり直せる。

■ PART4 | その他の動詞 | ❺プラス(＋)のイメージを持つ動詞

1 支える

・父が早く亡くなったので、母が働いて家計を支えていた。

・途中で何度も夢をあきらめそうになったけど、友達や家族が支えてくれた。

2 救 う

・温暖化が進む地球を救うために、私たちひとりひとりができることから

　取り組むべきだ。

・将来は医者になって、一人でも多くの人の命を救いたい。

3 優れる

・その子は優れた才能の持ち主で、あらゆるコンクールで優勝した。

・このガラス食器は耐熱性に優れている。

参考 健康、天気などがすぐれない(＝いい状態ではない)

4 蓄える

意味 身につけておく、取っておく

・知識、実力、体力などを蓄える。

・昔、北国では、厳しい冬に備えて食糧を蓄えておいた。

PART4 | その他の動詞 | ❺プラス(＋)のイメージを持つ動詞

5 果たす

意味 責任、約束、役割など、やると言ったことを実際に行う

・子供に義務教育を受けさせない親は、親の責任を果たしていない。

・友人は、昔の約束を果たすために私に会いにやってきた。

6 微笑む

・母はいつも私が遊んでいるのを、微笑みながら見守ってくれた。

・彼女の優しく微笑んだ顔がいつまでも忘れられない。

7 実る

・今年も庭の木にたくさんの柿が実った。

・長年の努力が実って、やっと司法試験に合格した。

8 恵まれる

・彼女は何一つ不自由のない、恵まれた環境で育った。

・今日は天候にも恵まれて、快適な船旅だった。

確認問題

<ruby>確認問題<rt>かくにんもんだい</rt></ruby>

□の中の<ruby>動詞<rt>どうし</rt></ruby>をプラス（＋）のイメージのものと、マイナス（－）のイメージのものに<ruby>分<rt>わ</rt></ruby>けましょう。

<ruby>確実<rt>かく</rt></ruby>に意味を覚えていなくても、このようにイメージ分けができているだけで、文章の大意や流れをつかむ上で役に立つことがあります。

<ruby>微笑<rt>ほほえ</rt></ruby>む・<ruby>怒鳴<rt>どな</rt></ruby>る・つまずく・<ruby>恵<rt>めぐ</rt></ruby>まれる・<ruby>傾<rt>かたむ</rt></ruby>く・<ruby>偏<rt>かたよ</rt></ruby>る・<ruby>恨<rt>うら</rt></ruby>む

<ruby>果<rt>は</rt></ruby>たす・<ruby>溺<rt>おぼ</rt></ruby>れる・<ruby>疑<rt>うたが</rt></ruby>う・<ruby>実<rt>みの</rt></ruby>る・<ruby>優<rt>すぐ</rt></ruby>れる・<ruby>劣<rt>おと</rt></ruby>る・<ruby>奪<rt>うば</rt></ruby>う

<ruby>励<rt>はげ</rt></ruby>ます・へこむ・<ruby>憧<rt>あこが</rt></ruby>れる・<ruby>失<rt>うしな</rt></ruby>う・<ruby>敬<rt>うやま</rt></ruby>う・<ruby>蓄<rt>たくわ</rt></ruby>える・<ruby>誤<rt>あやま</rt></ruby>る

<ruby>支<rt>ささ</rt></ruby>える・<ruby>欠<rt>か</rt></ruby>ける・<ruby>救<rt>すく</rt></ruby>う・<ruby>恐<rt>おそ</rt></ruby>れる・あきれる・<ruby>荒<rt>あ</rt></ruby>れる・<ruby>裏切<rt>うらぎ</rt></ruby>る

プラス（＋）のイメージ

（例）<ruby>慰<rt>なぐさ</rt></ruby>める

マイナス（－）のイメージ

（例）にらむ

■ PART1 ｜ 形容詞 ｜ ❶マイナス(−)のイメージを持つ形容詞

1 あいまいな

・はっきりとした回答を求めたにもかかわらず、あいまいな回答しか得られなかった。
・酒に酔っていたので、記憶があいまいだ。

2 厚かましい

意味 態度や行動に遠慮がなく、恥ずかしいと思わない様子

・招待されていないのに、彼は厚かましくもやって来た。
・厚かましいお願いだとは存じますが、何とかしていただけませんでしょうか。

3 安易な

・若いうちは安易な道を選ばずに、少しは苦労したほうがいい。
・よく考えないで何でも安易に引き受けていたら、大変なことになる。

4 粗い

・このセーターは目が粗いから、風を通してしまって暖かくない。
・このあたりの土はずいぶん粒が粗い。

参考 ⇔細かい

5 勝手な

・彼の勝手な行動に周りの人たちは振り回されているようだ。
・人のものを勝手に使ってはいけない。

6 険しい（けわ）

・この山道（やまみち）はとても険しい（けわ）から、登山初心者（とざんしょしんしゃ）には無理（むり）だ。

・会社（かいしゃ）の経営（けいえい）を立て直す（た　なお）と言って（い）も、その道（みち）のりは険しい（けわ）ものになるだろう。

7 強引な（ごういん）

・彼（かれ）の強引（ごういん）なプレーが、時（とき）には得点（とくてん）に結び付く（むす　つ）こともある。

・外（そと）に出（で）たくないと言う（い）私（わたし）を、彼（かれ）は強引（ごういん）に連れ出し（つ　だ）た。

8 騒がしい（さわ）

・隣（となり）の家（いえ）ではよくホームパーティーが開か（ひら）れ、夜遅く（よるおそ）まで騒がしい（さわ）。

・騒がしい（さわ）教室（きょうしつ）にいるのは苦手（にがて）で、休み（やす）時間（じかん）はいつも図書館（としょかん）で過ごし（す）ていた。

9 深刻な（しんこく）

・日本（にほん）の少子高齢化（しょうしこうれいか）の問題（もんだい）は、年々（ねんねん）深刻（しんこく）になってきている。

・深刻（しんこく）な資金不足（しきんぶそく）が事業計画（じぎょうけいかく）を狂わせる（くる）かもしれない。

10 図々しい（ずうずう）

意味 他人（たにん）の迷惑（めいわく）を考えない（かんが）行為（こうい）や態度（たいど）

・彼（かれ）は人（ひと）の都合（つごう）も聞か（き）ないで、図々しく（ずうずう）私（わたし）の部屋（へや）に入って（はい）きた。

・他人（たにん）の家（いえ）の冷蔵庫（れいぞうこ）を勝手（かって）に開ける（あ）なんて、本当（ほんとう）に図々しい（ずうずう）人（ひと）だ。

■ PART1 ┃ 形容詞 ┃ ❶マイナス(－) のイメージを持つ形容詞

11 ┃ 貧しい

意味 ①貧乏な　②足りない

・その日のご飯にも困るほどの貧しい生活をしている。

・残念ながら彼は想像力が貧しいようで、人の気持ちが理解できない。

12 ┃ 面倒な

意味 時間がかかったり、簡単にできなかったりして、不快なこと

・面倒な問題にはできるだけかかわりたくない。

・仕事で疲れて帰ってくると、何をするのも面倒だ。

■ PART1 | 形容詞 | ❷プラス(＋)のイメージを持つ形容詞

1　ありがたい

・めったに手に入らない貴重な物なので、ありがたく頂くことにした。
・「毎日ご飯が食べられるだけでもありがたい」というのが、戦争を経験した
　祖母の口癖だ。

2　えらい

・「弟の面倒をみてえらいね」と近所のおばさんにほめられた。
・最終面接では会社のえらい人達が並んでいて、とても緊張した。

3　穏やかな

・明日はひさしぶりに風もなく、穏やかな天気に恵まれるでしょう。
・母はいつもにこにこして穏やかな人で、誰からも好かれていた。

4　賢い

・おばあちゃんは私が何をしても、いつも「賢い子だねぇ」と言う。
・もっと賢いやり方はないものかと、考えれば考えるほどいいアイデアは
　浮かばないものだ。

5　活発な

・彼女はとても明るくて活発な女の子だった。
・校則の見直しについて、生徒会で活発な議論が行われた。
・最近、火山の活動が活発になっていて、よく噴火警報が出される。

■ PART1 ┃ 形容詞 ┃ ❷プラス（＋）のイメージを持つ形容詞

6　高級な

・高級住宅街に住んで、高級な車に乗っている友人がうらやましい。

・値段の高いものがすべて高級なものとは限らない。

7　豪華な

・豪華客船に乗って、世界一周旅行するのが夢だ。

・先日結婚した友達の披露宴はとても豪華なものだった。

8　さわやかな

・山のホテルでさわやかな朝を迎えた。

・試合には負けたが、持っている力はすべて出し切ったのでさわやかな気分だ。

・見た目はもちろん、柔らかな雰囲気といい、丁寧な言葉遣いといい、

　彼は本当にさわやかな青年だ。

9　純粋な

・これは純粋な国産のはちみつだ。

・私はただ純粋にいろいろなことを知りたいだけで、勉強が好きなわけではない。

10　順調な

・先週大けがをしたA選手は入院中だが、順調に回復している。

・上司：展示会の準備は進んでいるのか？

　部下：はい、順調に進んでおります。

11	せいじつ 誠実な

・彼の誠実な人柄が好きで、結婚を決めた。

・ホテルマンの誠実な対応が印象的だった。おかげで気持ちよく滞在できた。

12	しんちょう 慎重な

・このプロジェクトは絶対に失敗は許されないから、慎重に進めるように言われた。

・息子は何事にも慎重な性格なので、大きな失敗をすることはないだろう。

13	すなお 素直な

・うちの息子は親の言うことをよく聞く、素直な子だ。

・人の親切や好意は素直に受け入れたほうがいい。

14	つよき 強気な

・監督は最後まで強気の姿勢を崩さず攻めていくようにと、選手たちを励ました。

・こちらが弱気だと知って、相手はさらに強気な態度に出てきた。

15	てがる 手軽な

・休みの日のお昼ごはんは、手軽な料理で済ませることにしている。

・最近は、手軽にキャンプを楽しめる施設や道具がたくさんある。

PART1 ┃ 形容詞 ┃ ❷プラス(＋)のイメージを持つ形容詞

16 適度な

・健康のために毎日適度な運動と、栄養のある食事を心掛けている。

・体にいいからと言って、運動のし過ぎや栄養のとり過ぎはよくない。
何事も適度であることが大切だ。

17 懐かしい

・長い間東京に住んでいると、ふと故郷が懐かしく思い出される。

・彼女が作ってくれた肉じゃがは、子供の頃に食べた懐かしい味だった。

18 見事な

・初めての舞台にしては見事な演技だった。

・その家の庭には1本の桜の木があり、毎年春になると見事な花を咲かせていた。

線で結んで文を完成させましょう。

〈A〉（1）強引な ・　　　　　　　 ・人はうそがつけない。

（2）慎重な ・　　　　　　　 ・料理しかできない。

（3）厚かましい・　　　　　　　 ・（お）言葉を頂いた。

（4）見事な ・　　　　　　　 ・作品だとほめられた。

（5）ありがたい・　　　　　　　 ・お願いをしてしまった。

（6）誠実な ・　　　　　　　 ・やり方はよくない。

（7）手軽な ・　　　　　　　 ・性格だから、失敗は少ない。

（8）素直な ・　　　　　　　 ・心を持ち続けてほしい。

〈B〉（1）貧しい ・　　　　　　　 ・手続きに時間をとられた。

（2）面倒な ・　　　　　　　 ・家庭で育った。

（3）強気な ・　　　　　　　 ・山道の上り下りは高齢者にはきつい。

（4）順調な ・　　　　　　　 ・天気に恵まれた。

（5）穏やかな・　　　　　　　 ・スタートを切った。

（6）さわやかな・　　　　　　　 ・空気を胸いっぱいに吸い込んだ。

（7）険しい ・　　　　　　　 ・発言で周りの人を驚かせた。

第3章

PART2 | 副詞 | ❶時を表す副詞

| 1 | いずれ | 意味 いつか（は） |

・今は隠せても、いずれわかってしまうことだ。

・詳しいことは、いずれ会ってお話しします。

・真実をいずれ知ることになるだろう。

| 2 | 今にも | 意味 今すぐ（数秒・数分後）にでも |

・今にも雨が降り出しそうな空だ。

・彼女は今にも泣きだしそうな顔で彼を見送った。

| 3 | 今後 | 意味 これから（先） |

・今後とも末永くよろしくお願いします。

・今後、あなたと会うことはないでしょう。

| 4 | 至急 | 意味 大急ぎで |

・このメッセージを聞いたら、至急折り返しお電話ください。。

・患者の容体が悪化したら、至急ご家族に連絡してください。

| 5 | 事前に | 意味 前もって |

・この講座を受けたいなら、事前にインターネットによる予約が必要だ。

・事前に何の説明もなく、いきなり工事が始まった。

6 すでに **意味** もう

・申し込み者数がすでに定員を超えました。

・私が空港に到着した時には、彼の乗った飛行機はすでに離陸していた。

7 そのうち **意味** 近い将来のいつか

・そのうち彼女を両親に紹介するつもりだ。

・そのうちお宅にごあいさつに伺います。

参考 「今度食事でもしませんか」などの誘いに対して、「そのうちね」という返事が

かえってきたら、遠回しの断りだったり、する気がないという気持ちが含ま

れていたりすることがあります。

8 直ちに **意味** すぐに

・私たちは連絡を受けて直ちに出発した。

・不適切な発言を繰り返す議員は、直ちに辞職するべきだ。

9 とっくに **意味** 「とうに」の話し言葉≒ずっと前に

・山田先生ならとっくに帰ったよ。

・その課題はとっくに解決しました。

10 まもなく **意味** ほんの短い時間で、すぐに

・まもなく次の停車駅、名古屋に到着いたします。

・大学を卒業してまもなく、彼は会社を設立した。

■ PART2 ｜副詞｜❷様子／変化を表す副詞

1　いきなり　　**意味** 突然何かが起こる様子

・長い間連絡がとれなかった友人がいきなり現れてびっくりした。

・見知らぬ男がいきなりドアを開けて、私たちの教室に入ってきた。

2　一段と　　**意味** 前の段階との差がはっきりわかる様子

・1月に入って、寒さは一段と厳しくなった。

・婚約を発表してから、彼女は一段ときれいになった。

3　一斉に　　**意味** みんなそろって、同時に

・息子の高校では、6月1日から一斉に夏服になる。

・演奏が終わると、観客は一斉に立ち上がって大きな拍手をおくった。

4　いっそう　　**意味** 以前よりもっと程度が進んだ様子

・いつも年下に見られる彼女だが、髪を短くするといっそう幼く見えた。

・このままでも十分おいしいが、そのスパイスを加えるといっそうおいしくなる。

5　ぎっしり（と）　　**意味** すき間なくいっぱい詰まっている様子

・箱を開けると、実家の畑でとれたおいしそうなりんごがぎっしり詰まっていた。

・その人気歌手は来年末までスケジュールがぎっしり詰まっている。

6 しみじみ（と）

意味 ①あることを改めて強く感じる様子

②人と人の間に深く心で通じ合うものがある様子

・ひとり暮らしを始めて、親のありがたみをしみじみと感じた。

・研修医時代にいっしょに苦労した同期と久しぶりに会って、しみじみと語り合った。

7 次第に　　　**意味** 時間が過ぎるとともに、段階的に変わっていく様子

・病気は次第によくなっていった。

・10月に入って、次第に日が沈むのが早くなってきた。

8 徐々に　　　**意味** 緩やかに（少しずつ）変化していく様子

・記憶は徐々に薄れるので、記録しておくことが大切だ。

・患者数はここ1週間の間に徐々に増えてきている。

9 たちまち　　　**意味** 短い時間で、物事が完了する様子

・その新製品は若者の間で人気が出て、たちまち売り切れてしまった。

・そのうわさはたちまちSNS上で広がった。

10 ようやく　　　**意味** 長い間願っていた状態になる様子

・戦争が終わり、ようやくこの街にも平和な生活が戻ってきた。

・長かった冬も終わりに近づき、ようやく春らしくなってきた。

■ PART2 ┃副詞┃❸程度／頻度／強調の副詞

1　大いに　　意味 普通の程度をはるかに超えている様子

・その点については大いに反省しているし、二度としないと約束する。

・最悪の場合、倒産も大いにあり得る。

2　うんと　　意味 「たくさん」のくだけた話し言葉

・うんと食べて大きくなってね。

・うんと稼いで親に家を買ってあげたい。

3　実に　　意味 本当に、間違いなく

・この小説は実に面白い。

・君とこれでお別れとは、実に残念だ。

・この作品を完成させるのに、実に10年もの月日を費やしたそうだ。

4　しょっちゅう　　意味 同じことが何度も繰り返される様子

・彼は仕事中にしょっちゅう居眠りをしている。

・弟は体が弱くてしょっちゅう学校を休む。

5　相当　　意味 程度が普通ではない

・ここからは相当な距離だから、タクシーで行ったほうがいい。

・これだけひどい傷なら相当痛かったに違いない。

6 多少（たしょう） 　**意味** 程度（ていど）や数量（すうりょう）がわずかだ

・多少（たしょう）ずれても構（かま）わない。

・多少（たしょう）間違（まちが）いがあっても問題（もんだい）ない。

・まだ傷（きず）は多少（たしょう）痛（いた）むが、歩（ある）けないことはない。

7 常（つね）に 　**意味** どんな時（とき）も（変（か）わらない）

・彼（かれ）は常（つね）に周（まわ）りの人々（ひとびと）への気配（きくば）りを忘（わす）れないので、彼（かれ）を悪（わる）く言（い）う人（ひと）は一人（ひとり）もいない。

・最近（さいきん）よく頭（あたま）が痛（いた）くなるので、常（つね）に頭痛薬（ずつうやく）をかばんに入（い）れて持（も）ち歩（ある）いている。

8 年中（ねんじゅう） 　**意味** 1年（ねん）の間（あいだ）ずっと（同（おな）じ）

・この辺（あた）りは年中（ねんじゅう）、外国人旅行客（がいこくじんりょこうきゃく）でいっぱいだ。

・年中（ねんじゅう）見慣（みな）れた風景（ふうけい）も、気分（きぶん）によって違（ちが）って見（み）える。

9 やや 　**意味** 少（すこ）し

・壁（かべ）にかけてあるその絵（え）は、やや右（みぎ）に傾（かたむ）いていた。

・風（かぜ）がやや強（つよ）いが、船（ふね）を出（だ）しても問題（もんだい）ないと判断（はんだん）した。

10 割（わり）と 　**意味** 予想（よそう）していた程度（ていど）にくらべて、それほどでもない

・電車（でんしゃ）は平日（へいじつ）の朝（あさ）にもかかわらず、割（わり）とすいていた。

・見（み）た目（め）はよくなかったが、食（た）べてみると割（わり）とおいしかった。

■ PART2 │ 副詞 │ ❸程度／頻度／強調の副詞

確認問題 1

□の中から最も適当な副詞を選んで入れましょう。

> ようやく・多少・割と・相当・すでに・たちまち
>
> 一斉に・いきなり・いずれ・しょっちゅう
>
> 一段と・徐々に・直ちに・常に

（1）後ろから（　　　）殴られて、気を失った。

（2）骨が折れているから、（　　　）痛かったはずだけど、今までよく我慢したね。

（3）振り返ると、クラスメイトたちが教室の窓から（　　　）私に向かって
　　　手を振っていた。

（4）ある日突然聞こえなくなることはないけれど、（　　　）聞こえなくなっていく病気だ。

（5）もう二度と会えないわけではないよ。（　　　）会える日がくると信じてる。

（6）今回の試験は（　　　）簡単だったから、もしかしたら100点かもしれない。

（7）津波警報が出ました。（　　　）避難してください。

（8）彼は普段着でもカッコいいが、スーツを着ると、（　　　）素敵だ。

（9）仕事のことが（　　　）頭から離れなくて、休みの日も休んだ気がしない。

（10）（　　　）育児も少し楽になってきたので、仕事をまた始めようと思う。

（11）兄とは子供の頃、（　　　）兄弟げんかをしていたが、大人になってからは
　　　仲がいい。

（12）社長は（　　　）自宅を出られて、空港に向かっていらっしゃいます。

（13）（　　　）間違っていても許してやりましょう。初めて取り組んだことなんだから。

（14）夜中に降り始めた雪は（　　　）辺りを銀世界に変えてしまった。

■ PART2 ┃ 副詞 ┃ ❹後ろに決まった表現がくる副詞

1 恐らく～だろう 　【意味】たぶん、きっと（将来の悪い結果を予測することが多い）

・この橋をこのまま補修しないと、恐らく大きな地震が起きれば倒壊するだろう。
・恐らくこの大雪で、荷物の到着が遅れるだろう。

2 思わず～てしまった 　【意味】そうするつもりはなかったが、無意識にしてしまった様子

・びっくりして、思わず大きな声で叫んでしまった。
・あまりにもおかしくて、思わず笑い出してしまった。

3 一体～疑問表現 　【意味】疑問に思う気持ちを強く表す言い方

・一体今ここには何人集まっているのだろう。
・彼は一体どこへ行ったの？
・一体私はあなたに何をしてあげられるのだろうか。

4 必ずしも～ない 　【意味】全部／いつでもそうではない

・すばらしい選手が、必ずしもすばらしい指導者になるとは限らない。
・女性だからといって、必ずしも子供を産み、育てなければならないわけではない。

5 そう～ない 　【意味】一般的に考えられているほどの程度ではない

・この問題はそう簡単に解決できるものではない。
・この川に橋を架けるのはそう難しいことではない。

■ PART2 | 副詞 | ❹後ろに決まった表現がくる副詞

6 大して〜ない　　意味 特に〜ない、それほど〜ない

・友達に勧められて見てみたけれど、この映画は大して面白くなかった。

・大して勉強もしなかったのに、試験に合格した。

7 果たして〜だろうか　　意味 その通りの結果になるかどうか疑う気持ちを表す言い方

・果たして僕はこの問題が解けるだろうか。

・果たして主人公の二人は、幸せになれるのだろうか。

8 別に〜ない　　意味 特に〜ない

・最近変わったことは別にない。

・そんなどうでもいいことは別に気にしない。

9 万一〜時／場合／たら　　意味 ほとんど可能性がないことが、実際にあった場合

・万一旅行が取りやめになった場合は、予約金はお返しします。

・万一今度も司法試験に落ちたら、あきらめて就職するつもりです。

10 めったに〜ない　　意味 特別な場合でなければ、そう（は）しない

・彼がお昼ごはんを食べないなんて、めったにないことだから心配だ。

・めったに遅刻しない学生が遅れてきたのには、何か理由があるにちがいない。

■ PART2 ｜副詞｜❺その他の副詞

1 いよいよ 　**意味** ①ますます　②とうとう、ついに

・いよいよ風は強まり、雨も激しくなってきた。
・いよいよ4月から大学生だ。

2 うっかり 　**意味** 注意が足りなくて、忘れたり気がつかなかったりする様子

・うっかり彼との約束を忘れてしまった。
・誰にも言ってはいけないと言われていたのに、ついうっかりしゃべってしまった。

3 思い切り 　**意味** 迷わず全力で物事を行う

・試験が終わったら、思い切り遊ぶつもりだ。
・ダイエット中であることは忘れて、たまには好きなものを思い切り食べてみたい。

参考 会話で使われる強調形

4 思い切って 　**意味** 迷いを捨て、心を決めて物事を行う

・思い切って田舎に引っ越してきて良かった。
・思い切って長かった髪をばっさり切った。

5 主に 　**意味** ほとんど、大部分

・このバンドのライブに来る人は主に20代の若者たちだ。
・この書店では主に専門書を扱っている。

第3章

だい しょう けいようし ふくし おぼ

■ PART2 ┃ 副詞 ┃ ❺その他の副詞
ふくし た ふくし

6 **かえって** 意味 予想とは反対の結果になる様子
よそう はんたい けっか ようす

・この時間は道が混んでいるから、タクシーに乗るより地下鉄で行ったほうが
じかん みち こ の ちかてつ い

かえって早い。
はや

・教師は学生に教える立場だが、かえって学生たちから学ぶことも多い。
きょうし がくせい おし たちば がくせい まな おお

7 **さっそく** 意味 すぐに

・さっそくお返事いただき、ありがとうございます。
へんじ

・買ってきたばかりの靴をさっそく履いてみた。
か くつ は

8 **せいぜい** 意味 ①できるだけ ②多くても
おお

・せいぜいがんばって勉強しなさい。
べんきょう

・どんなに高くても、せいぜい1万円くらいだろう。
たか まんえん

9 **せっかく**

意味 ①無理をして、苦労して ②めったにないこと、運がいいこと
むり くろう うん

・せっかく彼女が作ってくれたのに、お腹がいっぱいで食べきれなかった。
かのじょ つく なか た

・せっかく初雪が降ったのに、休日出勤で子供と雪遊びができない。
はつゆき ふ きゅうじつしゅっきん こども ゆきあそ

10 **ついに** 意味 長い時間が過ぎて期待したり、心配していた状態になる様子
なが じかん す きたい しんぱい じょうたい ようす

・10年という長い月日をかけた作品が、ついに完成した。
ねん なが つきひ さくひん かんせい

・1時間待ったが、ついに彼は待ち合わせの場所に来なかった。
じかんま かれ ま あ ばしょ こ

11 どうせ 　**意味** 始めからあきらめている気持ち

・いくらがんばっても、どうせ負けるにきまっている。

・どうせ間に合わないんだから急ぐことはない。

12 ふと 　**意味** 意外にも突然

・ふと窓の外を見ると、雪がちらちら舞っていた。どうりで寒いはずだ。

・すっかり忘れていたあの時の光景をふと思い出した。

13 ほぼ 　**意味** だいたい

・会場はすでに、ほぼ満員の状態だった。

・N2レベルの文法についてはほぼ理解できていると思う。

14 むしろ 　**意味** ふたつのうち、どちらかを選ぶなら

・バスを待つくらいなら、むしろ歩いて行った方が早く着く。

・誰かといて気を遣うよりは、むしろひとりでいたほうが気が楽だ。

15 わざと 　**意味** 偶然ではなく、そうしようと思って何かをする様子

・好きな子には、わざと意地悪なことを言ったりしたりしてしまう。

・わざと失敗したのではないのだから、彼を責めてはいけない。

16 わざわざ 　**意味** ついでではなく、何かのために特別にする様子

・わざわざこんな遠くまで来なくてもよかったのに。

・わざわざパンフレットまで作って宣伝した。

・わざわざおいでいただいたのに、主人が留守で申し訳ございません。

■ PART2 │ 副詞 │ ❺その他の副詞

確認問題 2

文を完成させましょう。

(1) どんなにがんばって貯金しても、1年でせいぜい＿＿＿＿＿＿＿＿＿＿＿＿＿＿＿＿

　　 ぐらいだろう。

(2) どうせ＿＿＿＿＿＿＿＿＿＿＿＿＿＿＿から、急がないでゆっくり行こう。

(3) 新型コロナウイルスの感染者数は、今後恐らく＿＿＿＿＿＿＿＿＿＿＿＿＿＿＿

　　 だろう。

(4) あまりにも素晴らしい演奏だったので、思わず＿＿＿＿＿＿＿＿＿＿＿＿＿＿＿。

(5) ボーナスも出たことだし、思い切って＿＿＿＿＿＿＿＿＿＿＿＿＿（よ）う。

(6) 彼とはただの友達で、別に＿＿＿＿＿＿＿＿＿＿＿＿＿。

(7) 日本に長く住んでいるからと言って、必ずしも＿＿＿＿＿＿＿＿＿＿＿＿＿＿

　　 とは限らない。

(8) 健康のために運動をするのはいいが、やりすぎたらかえって

　　 ＿＿＿＿＿＿＿＿＿＿＿＿＿＿＿＿＿＿。

(9) 私の結婚式に、わざわざ＿＿＿＿＿＿＿＿＿＿＿＿＿＿、ありがとう

　　 ございます。

(10) ここに集まっている人たちは、主に＿＿＿＿＿＿＿＿＿＿＿＿＿＿人たちだ。

日本語にも数多くのことわざがあるのは、みなさんご存知だと思います。日本語の会話の中で耳にする機会も多いのではないでしょうか。ことわざは、聞いてすぐ意味がわかるものもあれば、ことわざを作っている一つ一つの言葉は知っていても、全体としてどんな意味なのかわかりにくいものもあります。ここでは、日本語でよく使われることわざの中で、特にみなさんが覚えやすく、すぐに使えそうなものを、いくつか紹介します。

石の上にも三年

何事もすぐにあきらめないで、努力を続ければ、良い結果が出るものだ。

好きこそ物の上手なれ

好きなことは面白いと感じるので、自分で努力や工夫をする。だから、自分でも気づかないうちに、早く上達するものだ。

急がば回れ

急いでいる時こそ、時間がかかっても安全で確実な道を選んだ方が良い結果が出る。

失敗は成功のもと

失敗しても、その反省を生かせば、次は成功する。

習うより慣れろ

本で読んだり、人に習ったりするよりも、自分で経験する方が身につく。

言うは易く、行うは難し

口で言うのは簡単だが、それを実際に行うのは難しい。

聞くは一時の恥、聞かぬは一生の恥

知らないことは知っているふりなどせず、その時は恥ずかしくても人に聞いた方が、一生知らないままでいるよりずっといい。

ちりも積もれば山となる

小さなものでもたくさん集まれば大きくなるので、軽く見てはいけない。

楽あれば苦あり

楽しいことの次には、必ず苦しいことがあり、楽なことばかりは続かない。

留学生のジョンさんの作文です。(　　　　)の中に合うことわざを
前のページから選んで入れましょう。

　日本へ来てちょうど3年、日本語の勉強は難しいが、楽しい。(①)と言うけれど、
最近ようやく日本人との会話が楽しめるようになった。

　もともと日本のアニメが大好きで、(②)と言うように、アニメを見ているうちに
たくさんの日本語を覚えた。でも、日本語の勉強も(③)で、いつまでもアニメを
楽しく見ているだけでは上手になれなかった。やはり、アニメには出てこないよう
な難しい言葉も、毎日少しずつ覚えようと、一日に3つずつ新しいことばを覚える
ことにした。始めは、一日に10個ずつ覚えるつもりだったが、(④)で、3日で無理
だとわかった。たとえ一日に3つずつでも、(⑤)ということわざの通り、1年後には
1000個以上の言葉を覚えることになる。(⑥)で、あせらずマイペースでがんばって
いきたい。

　そして、日本に来てからは、学校の授業や、テキストを使った読み書きの練習より、
実際に生活の中で使ってみることが大切だと思うようになった。まさに、(⑦)だ。

　日本での生活は、今では慣れて楽しいが、はじめの頃は、知らないこともたくさ
んあったし、失敗もたくさんした。それで落ち込んだこともあったが、(⑧)と言う
ように、失敗から学んだことが多い。また、日本語も下手だし、知らないことは恥
ずかしいことだと思っていたので、はじめの頃は日本人に聞きたいことを聞けない
ことがよくあったが、(⑨)ということわざを知ってからは、知らないことは何でも
聞けるようになった。

　これからも失敗から学び、小さな努力を積み重ねながら、日本語の勉強を続けて
いきたい。

※ 解答は118ページ

■ PART1 ┃ カタカナ語 ┃ ❶「～する」動詞になるカタカナ語

1 イメージ 〈image〉

意味 想像する

・空に浮かぶ雲をイメージして作った。

・頭の中で自分が空を飛んでいる姿をイメージしてみてください。

2 オーバー 〈over〉

意味 超える

・大幅に予算をオーバーしてしまい、結局赤字になった。

・帰りの荷物が20kgをオーバーしないように、お土産はできるだけ軽いものを買う。

3 カット 〈cut〉

意味 一部分を取り除く

・このまま売り上げが伸びなければ、賃金をカットするしかない。

・この部分は放送しないように、編集でカットしてください。

4 カバー 〈cover〉

意味 足りない所を十分な状態にする

・森さんができなかった仕事は、木村さんがカバーしてくれた。

・この保険は、ガンのほかにもほとんどの成人病をカバーしている。

PART1 カタカナ語 ❶「〜する」動詞になるカタカナ語

5 トレーニング〈training〉

意味 訓練、練習

・毎日ジムに通ってトレーニングしている。

・次の試合に向けて、トレーニングを再開した。

6 マスター〈master〉

意味 十分に理解して、自分のものにする

・今年こそ英語をマスターしたい。

・その踊りを1週間でマスターするのは不可能だ。

7 ミス〈miss〉

意味 失敗する

・また仕事でミスしてしまった。

・私がミスしても課長がカバーしてくれるので心強い。

8 リラックス〈relax〉

意味 緊張をなくして、ゆったりとする

・緊張した時は深呼吸するとリラックスできる。

・休みの日は仕事のことは考えず、リラックスして過ごしたい。

116ページ練習問題解答

①石の上にも三年	②好きこそ物の上手なれ	③楽あれば苦あり
④言うは易く、行うは難し	⑤ちりも積もれば山となる	⑥急がば回れ
⑦習うより慣れよ	⑧失敗は成功のもと	⑨聞くは一時の恥、聞かぬは一生の恥

■ PART1 │ カタカナ語 │ ❷IT関係のカタカナ語

1 アカウント〈account〉

・メール受信のためのアカウントを開設してください。

・このサービスを受けるためには、アカウントの開設が必要です。

2 アクセス〈access〉

意味 ①情報システムに接続すること　②ある場所へ行くための交通手段、または利便性

・そのアイドルが開設したアカウントに、初日だけで数千件ものアクセスがあった。

・暗証番号を盗んで他人の個人アカウントにアクセスする犯罪が増えている。

・空港へのアクセスは地下鉄かバスが安くて便利だ。

・その大型ショッピングセンターはアクセスの良い場所にある。

3 インストール〈install〉

意味 取りつけて使えるようにすること

・スマートフォンにアプリをインストールする。

・パソコンにソフトウェアをインストールする。

4 （ウェブ）サイト〈website〉

意味 インターネット上での場所

・詳しくは当社ウェブサイトにある取扱説明書をご覧ください。

・そのブランドは公式サイトで新商品を次々に紹介している。

第4章

PART1 ｜ カタカナ語 ｜ ❷IT関係のカタカナ語

5 ダウンロード〈download〉

意味 ホストコンピューターにあるデータを自分のパソコンやスマホなどに転送すること

・容量が大きすぎて、ダウンロードできません。

・教材はファイルで送りますので、ダウンロードしてお使いください。

参考 ダウンロード⇔アップロード

6 ホームページ〈homepage〉

意味 インターネットのwwwサーバーに接続して最初に見える画面

・最近、うちの会社のホームページへのアクセス数が増えている。

・わが社もホームページを立ち上げたので、ぜひ一度ご覧ください。

7 プリントアウト〈printout〉

意味 コンピューター内のデータを紙に印刷すること

・受験票はプリントアウトして、試験当日に持参してください。

・プリンターが故障してプリントアウトできない。

8 モニター〈monitor〉

意味 コンピューターなどに接続して画面を表示する機械で、ディスプレイとも呼ばれる

・モニターが暗くて見えない。

・監視カメラの映像をモニターで確認する。

■ PART1 | カタカナ語 | ❸形容詞のカタカナ語

1 オーバー 〈over〉

意味 大したことではないのに、大変なことのように言ったりしたりする様子

・ちょっと指を切ったぐらいで病院へ行くなんてオーバーだ。

・彼女はたいしたことないことを何でもオーバーに話す。

2 スマート 〈smart〉

意味 ①体が細くてスタイルがいい　②おしゃれでかっこいい

・彼女はダイエットに成功して、見ちがえるほどスマートになった。

・彼は欧米で育ったからか、服装だけでなく、やることもスマートだ。

3 スムーズ 〈smooth〉

意味 途中で止まったりしないでうまく進む様子

・話し合いはスムーズに進んだ。

・ご来店前にご予約して頂けると、スムーズにご案内できます。

4 オープン 〈open〉

意味 ①店や会場が開く　②隠すことがない、制限されていない

・新しいスーパーマーケットがオープンしたので買い物が便利になる。

・ここは誰でも入れるオープンな場所だ。

第4章

PART1 カタカナ語 ❸形容詞のカタカナ語

5 フリー〈free〉

意味 ①どこにも所属していない　②自由な

・彼はフリーな立場で発言できるのでうらやましい。

・会社を辞めて、フリーな生活を楽しんでいる。

6 ハード〈hard〉

意味 厳しい、大変な

・仕事がハードで体を壊してしまった。

・そのアイドルのスケジュールはとてもハードで、1か月に1日しか休みがなかった。

文に合うカタカナを書き入れましょう。

（1）会社の売り上げが減ったため冬のボーナスは20%（カ　　　　　）された。

（2）いつも完璧に仕事をこなす先輩が、まさかこんなところで（ミ　　　　　）

　　　するとは。

（3）若者の多くは二つ以上の（ア　　　　　）を作って使い分けているそうだ。

（4）今のところ、都内は渋滞もなく、高速道路の車の流れも（ス　　　）だ。

（5）彼は日本語をたった1か月で完璧に（マ　　　）した。

（6）（イ　　　　　　）とは、パソコンやスマーフォンにソフトウェアを入れて

　　　使えるようにすることで、（ダ　　　　　　）は、インターネット上のファイ

　　　ルを自分のパソコンやスマートフォンなどにコピーして、保管することである。

（7）（モ　　　　）に映った自分の顔を見るのは何だか恥ずかしい。

（8）空港からホテルまでの（ア　　　）が不便だと、利用客が集まらない。

（9）その俳優は今まで所属していた事務所をやめて、（フ　　　）になった。

（10）夜寝る前に、好きな音楽を聞きながらハーブティーを飲んで、

　　　（リ　　　　　　）することにしている。

■ PART1 ｜カタカナ語｜❹その他のカタカナ語

1　インタビュー 〈interview〉

意味 記者などが情報を得るために人に会って話を聞くこと

・その選手はインタビューにこたえないで、ロッカールームの方へ去っていった。

・憧れの選手にインタビューをした時は、とても緊張して声が震えてしまった。

2　インターホン 〈interphone〉

意味 玄関と家の中や、部屋と部屋で通話するための電話

・インターホンの画面に映った顔は、見たこともない顔だった。

・インターホン越しに（直接会わないで）インタビューをお願いしたが、断られた。

3　インフォメーション 〈information〉

意味 ①情報　②案内所

・航空会社からフライトに関するインフォメーションが届くのを待っているが、

　なかなか来ない。

・駅のインフォメーションで行き方を聞いてみよう。

4　ウイルス 〈virus〉

・新型コロナウイルスについては、まだわからないことが多い。

・コンピューターウイルスの感染を防ぐためにはそれなりの対策が必要だ。

参考 コンピューターウイルス：コンピューターに入り込んでシステムを壊すもの

5　オリエンテーション〈orientation〉

意味 新入社員や新入生がそこでの生活に早く適応できるように組織が行う説明会
・4月初めに新入生のためのオリエンテーションが行われ、学内規則や履修登録についての説明がある。

6　カリキュラム〈curriculum〉

意味 教育計画
・この日本語学校のカリキュラムはウェブサイトで紹介されています。
・そのカリキュラムに沿って、毎日の授業を進めていきます。

7　カルチャー〈culture〉

意味 文化
・週に一度、家の近くのカルチャーセンター（=文化教室）で生け花を習っている。
・初めて日本に来た時はだれでも多少のカルチャーショック（culture shock）は受けるものだ。

参考 サブカルチャー（サブカル）：アニメやゲームなど、その社会の特定の集団が持つ文化

8　キャンパス〈campus〉

意味 大学または大学のある土地
・この大学は東京の他に埼玉にもキャンパスがある。
・キャンパスライフ（=大学生活）を充実させるためにサークル活動にも力を入れたい。
・受験前にオープンキャンパス（=学校説明見学会）に参加してみた。

■ PART1 ┃ カタカナ語 ┃ ❹その他のカタカナ語

9 クレーム〈claim〉

意味 苦情

・その商品はクレームがついて、取引停止になった。

・クレーム対応の研修会に出席する。

参考 一般的に英語のcomplaintと同じような意味で使われる

10 コーチ〈coach〉

意味 運動競技の指導をする人

・わが校の野球部のコーチは厳しい指導で有名だ。

・コーチは選手たちを叱ったり励ましたりしながら、強いチームを作っていった。

11 サブスク（リプション）〈subscription〉

意味 製品やサービスなどを利用する時に、決まった期間に決まった金額を支払い、何回利用してもその代金は同じという支払い方式

・最近、CDを買わずにサブスクリプションで音楽を楽しむ人が増えた。

・ドラマや映画のサブスクリプション契約は、見れば見るほど得をする。

12 サンプル〈sample〉

意味 見本

・化粧品はまずサンプルを使ってみて、よければ買うことにしている。

・商品を一つ買えばサンプルが2個もらえる。

13 シーズン〈season〉

意味 （あることが盛んに行われる）季節⇔シーズンオフ

・スキーシーズンに入ったのに、今年は雪が少なくて困っている。

・今年も受験シーズンを迎えて、受験生を応援するCMが流れている。

14 スケジュール〈schedule〉

意味 予定

・社長のスケジュールは社長秘書である私が管理している。

・旅行に行く時は前もってスケジュールを立てないで、その時の気分で動くことに

　している。

15 スタイル〈style〉

意味 ①姿、体つき　②服装や髪型　③行動の仕方や考え方

・あの俳優はモデル出身だから、とてもスタイルがいい。

・そのヘアスタイル、よく似合うね。

・結婚してから生活スタイルがすっかり変わった。

16 ステージ〈stage〉

意味 舞台

・ステージに上がる前は今でも緊張するとベテラン俳優は言う。

・彼女はステージの上にいる時が一番輝いている。

PART1 カタカナ語 ❹その他のカタカナ語

17 スペース〈space〉

意味 空いている場所

・荷物を置くスペースがあまりないので、持ち物はできるだけ少なくしてください。

・ここにスペースを入れた方が見やすくなると思う。

18 タイトル〈title〉

意味 題名

・先月見た映画のタイトルが思い出せない。

・今回のスピーチのタイトルは何だっけ？

19 チャンス〈chance〉

意味 機会

・目の前のチャンスはすぐにつかめという意味で、「チャンスの神様は前髪しかない

（後ろから髪をつかもうとしてもつかめない）」ということわざがある。

・練習生だった彼は、足のケガでデビューのチャンスを逃してしまった。

20 パターン〈pattern〉

意味 形式

・問題にはいくつかのパターンがあるので、パターン別に練習した方がいい。

・彼の行動パターンは決まっているから、今どこにいるかだいたいわかる。

21 ビタミン〈vitamin〉

意味 栄養素の一つ

・ビタミン不足は健康によくない。

・野菜や果物を食べてビタミンを摂ろう。

参考 ビタミンA、B₁、C、D、Eなど

22 ボーナス〈bonus〉

意味 夏や冬などに給料以外で特別に与えられるお金

・年に2度のボーナスが楽しみで働いている。

・社会人になって初めてのボーナスで、両親に旅行をプレゼントした。

23 ブーム〈boom〉

意味 爆発的に流行すること

・韓流ブームに乗って、韓国から多くのアイドルや俳優たちが来日している。

・一時的なブームではなく、ずっと長く愛されるような商品を作りたい。

24 プラン〈plan〉

意味 計画、案

・当ホテルにはいろいろな宿泊プランがございますので、どうぞご検討ください。

・一度みんなで集まって旅行のプランを立てよう。

■ PART1 ┃ カタカナ語 ┃ ❹その他のカタカナ語

25 ベテラン〈veteran〉

意味 あることについて経験豊かで、優れた技術を持つ人

・中村先生はこの学校で勤務20年のベテランですから、わからないことは何でも聞いてください。

・ベテランドライバーでも、事故を起こすことがある。

26 マナー〈manner〉

意味 礼儀

・美術館ではマナーを守って鑑賞しましょう。

・試合でのマナーが悪い選手は応援する気になれない。

27 メーカー〈和製英語〉

意味 製造会社、特に大手、有名な会社を指すことが多い

・当店では主に下記のメーカーの製品を取り扱っております。

・故障の場合は製品を買った店か、メーカーに問い合わせる。

28 レジャー〈leisure〉

意味 娯楽

・海のレジャーでは毎年事故が多いから、気をつけて楽しんでください。

・このホテルの近くにはレジャー施設もあって、家族で楽しめる。

文に合うカタカナを書き入れましょう。

（1）誰か来たら、必ず（イ　　　　　　　　）で知っている人か確認してから

ドアを開けるようにいつも子供に言っている。

（2）一流ホテルで、テーブル（マ　　　　　）を学びながらコース料理を楽しむ

プランが人気だ。

（3）この文章の（タ　　　　　）にふさわしいものを次の4つの中から選びましょう。

（4）若い先生は、（ベ　　　　　）の先生のような経験や知識がなくても、

学生たちと年が近いから、学生たちの気持ちがよくわかり、親しみやすい

といういい点もある。

（5）日本のマンガやアニメなどの（サ　　　　　　　）に興味があって、

日本語を勉強し始めた。

（6）主役俳優が急病のため、ドラマの撮影（ス　　　　　　　　）を変更せざるを

得なかった。

（7）近年、海外では日本食（ブ　　　　　　）らしい。見た目もよく、

体にもいいのが人気の理由だ。

（8）もう一度私に（チ　　　　　）をください。今度こそうまくやってみせます。

（9）彼女は最後の曲を歌い終わって、（ス　　　　）を降りたとたん、その場に

倒れ込んだ。

（10）ここでのおタバコは、ご遠慮ください。喫煙（ス　　　　　）が別の所に

ございます。

■ PART1 ｜ カタカナ語 ｜ ❹その他のカタカナ語

(11) バスケットボール部の（コ　　　　）はとても厳しい人で、選手たちは
怖がっていた。

(12) 我が家はキャンプや釣りなど、家族みんなで出かけることが多く、
（レ　　　　）にかけるお金はかなり多い方だ。

(13)（メ　　　　）から直接仕入れた（＝買い入れた）方が安く買える。

(14) ヘア（ス　　　　）だけ真似しても、顔が全然違うんだから、どう見ても
似合わないよ。

(15) あの大物俳優は（イ　　　　）嫌いで有名だ。

1 赤字 ⇔黒字

・円高が進むと輸出産業は赤字になり、倒産する会社が増える。
・今年の決算は3年ぶりに黒字になりそうでほっとしている。

2 開始 ⇔終了

・試験は10時開始だから、9時半までに会場に着くようにする。
・本日の営業は終了しました。またのご来店をお待ちしております。

3 片道 ⇔往復

・朝5時に起きて、片道2時間かけて大学に通っている。
・片道より往復切符の方が安くなる。

4 原因 ⇔結果

・事故の原因は調査中だそうだ。
・結果がよくなくても、努力したことはきっといつか役に立つ。

5 収入 ⇔支出

・夫の収入だけでは生活できなくて、共稼ぎしている夫婦が増えている。
・我が家は今月も支出が収入を上回って赤字だ。

6 需要 ⇔供給

・買いだめなどによる需要の急増で、米は供給不足に陥っている。
・市場では需要と供給のバランスがとれていることが望ましい。

7 全体 ⇔部分

・会場全体のバランスを考えて、椅子を配置する。
・契約の内容を部分的に見直す必要がある。

8 損 ⇔得

・安く買っても、すぐに壊れてしまったら、結局損したことになる。
・前から欲しかったバッグがセールで安く買えて、すごく得した気分だ。

9 値上がり ⇔値下がり

・昨年秋から、食料品をはじめあらゆるものが値上がりしている。
・近年値下がりしたものはあるのだろうか。

10 平等 ⇔差別

・先生は生徒を平等に扱われなければならない。
・あらゆる差別がこの世からなくなればいいのに。

第4章

PART2 | 対義語 | ❷動詞の対義語

1 拡大する ⇔縮小する
・新型コロナウイルスの感染拡大が続き、死者も増えている。
・会社の経営が苦しいので、事業の縮小を考えている。

2 嫌う ⇔好む
・猫がネズミを追いかける理由を知っていますか。
・疲れた時は、たいていの人が甘いものを好む傾向がある。

2 集合する ⇔解散する
・明日は8時までに必ず全員集合してください。
・入口で集合写真を撮ったら解散して、あとは自由行動です。

4 生産する ⇔消費する
・近年、米を生産する農家が減ってきている。
・私たちは毎日、気づかないところで大量の電力を消費している。

5 成功する ⇔失敗する
・10年という長い月日をかけてようやく実験に成功した。
・何度失敗してもあきらめないことが大切だ。

6 破壊する ⇔建設する
・自然環境を破壊するような工事は今すぐに止めるべきだ。
・工場があった所には、大型マンションが建設される予定だ。

7 払い込む ⇔払い戻す
・10日までに受験料を払い込んでください。
・前日までにキャンセルのご連絡を頂いた場合は、全額払い戻します。

8 見上げる ⇔見下ろす／見下す
・空を見上げてごらん。星がたくさん見えるよ。
・富士山の頂上から見下ろした景色は、一生忘れない。
・彼と話していると、いつも見下されているようで、嫌な気分だ。

■ PART2 ┃ 対義語 ┃ ❸形容詞の対義語

| 1 | **きつい**
⇔ゆるい | ・太ってしまって、お気に入りのズボンがきつくて入らない。
・うちの高校は校則がゆるくて、自由な校風だ。 |

| 2 | **具体的**
⇔抽象的 | ・「食べ物」と言えば抽象的だが、「りんご」と言えば具体的になる。
・わかりにくいから、もう少し具体的に説明してほしい。 |

| 3 | **主観的**
⇔客観的 | ・客観的なデータに基づかない主観的な判断は信用できない。
・仕事では常に客観的に物事を判断する必要がある。 |

| 4 | **鋭い**
⇔鈍い | ・芸術家は普通の人より感覚が鋭く、心が傷つきやすい。
・彼は本当に鈍い人だ。私の気持ちを全然わかっていない。 |

| 5 | **正常な**
⇔異常な | ・都内のJR・地下鉄は正常に運行している。
・異常な音が聞こえたため、現在運転を停止している。 |

| 6 | **積極的な**
⇔消極的な | ・姉は何でも積極的にやってみる方だが、妹の私はどちらかというと消極的で、なかなか自分からは動かない性格だ。
・新しい企画は消極的な意見が多数で、中止となった。 |

| 7 | **容易な**
⇔困難な | ・新しい事業を始めるのは、容易ではない。
・たとえ困難な状況が出てきてもあきらめないことだ。 |

■ **PART2**｜対義語｜名詞・動詞・形容詞の対義語
たいぎご　　めいし　どうし　けいようし　たいぎご

　　□の中から適当な言葉を選んで、適当な形にして（　　　　）に入れましょう。
なか　てきとう　ことば　えら　　　　てきとう　かたち　　　　　　　　　　　　　い
また、その対義語も書きましょう。
たいぎご　か

きょうきゅう 供給	かいさん 解散	せっきょくてき 積極的	しゅうしゅう 収集する	いじょう 異常な	するど 鋭い	しょうさい 詳細な	さべつ 差別
しゅかんてき 主観的	ねあ 値上がり	ゆるい	はらもど 払い戻す	こんなん 困難な	ぐたいてき 具体的		

（1）パイプラインの不具合で、ガスの（　　　　　　）が止まっている。
ふぐあい　　　　　　　　　　　　　　　と
　　　　　　　　　　　　　　　　　　　　　　　　　　　　　　⇔＿＿＿＿＿＿

（2）病気が悪化して、呼吸さえも（　　　　　）状態だ。　　⇔＿＿＿＿＿＿
びょうき　あっか　　　　こきゅう　　　　　　　じょうたい

（3）駅の窓口で特急料金を（　　　　　）てきた。　　　　⇔＿＿＿＿＿＿
えき　まどぐち　とっきゅうりょうきん

（4）昔の日本は男女（　　　　　）が激しく、女子だけに許されないことが多くあった。
むかし　にほん　だんじょ　　　　　　　はげ　　じょし　　ゆる　　　　　　　おお
　　　　　　　　　　　　　　　　　　　　　　　　　　　　　　⇔＿＿＿＿＿＿

（5）今回の検査ではどこにも（　　　　　）はありませんでした。⇔＿＿＿＿＿＿
こんかい　けんさ

（6）現地で記念撮影した後、（　　　　　）することになっている。⇔＿＿＿＿＿＿
げんち　きねんさつえい　あと

（7）*飼料の（　　　　　）で、農家は苦しい状況にある。　　⇔＿＿＿＿＿＿
しりょう　　　　　　　　のうか　くる　じょうきょう
　　　*飼料：人間が生活のために飼っている牛、馬、豚、にわとりなどに与えるえさ
しりょう　にんげん　せいかつ　か　　うし　うま　ぶた　　　　　　あた

（8）学校行事には（　　　　　）に参加した方が学校生活が楽しくなると思う。
がっこうぎょうじ　　　　　　　　　さんか　ほう　がっこうせいかつ　たの　　　おも
　　　　　　　　　　　　　　　　　　　　　　　　　　　　　　⇔＿＿＿＿＿＿

（9）面接官は、次々に（　　　　　）質問をしてきた。　　⇔＿＿＿＿＿＿
めんせつかん　つぎつぎ　　　　　　　しつもん

（10）理系の勉強がしたいと言ってもいろいろあるから、何の勉強がしたいのか、
りけい　べんきょう　　　　　い　　　　　　　　　　なん　べんきょう

　　（　　　　　）に書いてください。　　　　　　　　　　⇔＿＿＿＿＿＿
か

1

頭（あたま）

〜が上（あ）がらない

意味 相手（あいて）に対（たい）して悪（わる）いと思（おも）うことがあったり、相手（あいて）の力（ちから）が大（おお）きすぎて、自分（じぶん）の方（ほう）が下（した）に感（かん）じられる

・私（わたし）が困（こま）っているとき、いつも助（たす）けてくれる先輩（せんぱい）には頭（あたま）が上（あ）がらない。
・家事（かじ）と仕事（しごと）を完璧（かんぺき）に両立（りょうりつ）している母（はは）には頭（あたま）が上（あ）がらない。

〜が痛（いた）い

意味 心配事（しんぱいごと）などで悩（なや）んでいる

・いつまでも親（おや）に甘（あま）えて暮（く）らす息子（むすこ）の将来（しょうらい）を考（かんが）えると、頭（あたま）が痛（いた）い。
・この部屋（へや）はどこから片付（かたづ）けたらいいのか、頭（あたま）が痛（いた）くなるほど散（ち）らかっている。

〜が固（かた）い

意味 自分（じぶん）の考（かんが）えだけで頭（あたま）の中（なか）がいっぱいで、その場（ば）に合（あ）った考（かんが）えや行動（こうどう）ができない

・私（わたし）の上司（じょうし）は頭（あたま）が固（かた）くて、なかなか部下（ぶか）のアイデアを受（う）け入（い）れてくれない。
・年（とし）を取（と）ると頭（あたま）が固（かた）くなると言（い）うけれど、今年（ことし）80になるうちの母（はは）は、教（おし）えてもらったことは何（なん）でもすぐにやってみる。

〜を下（さ）げる

意味 ①おじぎする　②謝（あやま）る　③敬服（けいふく）する

・学生（がくせい）は私（わたし）の方（ほう）に走（はし）ってくると、軽（かる）く頭（あたま）を下（さ）げてから「先生（せんせい）、お元気（げんき）でしたか。」と笑顔（えがお）でたずねた。
・あいつにだけは頭（あたま）を下（さ）げたくない。

2

顔（かお）

〜を出（だ）す

意味 会議（かいぎ）や集（あつ）まりなどに出席（しゅっせき）する

・忙（いそが）しくて同窓会（どうそうかい）に顔（かお）を出（だ）せなかった。
・ちょっとでいいから顔（かお）を出（だ）せと言（い）われて、二次会（にじかい）に参加（さんか）した。

■ PART3 │体に関係のある慣用表現│

2

顔

～が広い

意味 大勢の人と付き合いがあり、いろいろな所に知り合いが多い

・叔父はこの業界では顔が広いので、取引先を何社か紹介してもらった。

・先輩はとにかく顔が広くて、キャンパスを歩いているとあちこちで声を掛けられる。

3

口

～がうまい

意味 ①話が上手だ　②人をだますのがうまい

・口がうまい友達は、人を説得したり、喜ばせたりするのが上手い。

・彼は口がうまくて、何度もだまされそうになった。

～がかたい

意味 秘密などを簡単に他の人に言わない⇔～が軽い

・彼女は口がかたいから、安心して何でも話せる。

・私は口がかたい方なので、よく友達に相談される。

～に合う

意味 飲食物が好みに合っている

・留学生活を始めた頃は、その国の料理が口に合わなくてあまり食べられなかった。

・お口に合うかどうかわかりませんが、どうぞ召し上がってください。〈決まり文句〉

～にする

意味 ①食べる　②口に出して言う

・コンクールの前になると、緊張して何も口にすることができない。

・そんなことわざわざ口にしなくてもわかっているはずだ。

～に出す

意味 言葉にして言う

・口に出してみないと分かり合えないこともある。

・思っていることを何でも口に出していると、失敗することもある。

3

口（くち）

～を出（だ）す

意味 他（ほか）の人（ひと）の話（はなし）に途中（とちゅう）で入（はい）って何（なに）か言（い）う

・もう息子（むすこ）も20歳（はたち）なんだから、いちいち親（おや）が口（くち）を出（だ）すべきではない。

・これは夫婦（ふうふ）の問題（もんだい）だから、他人（たにん）が口（くち）を出（だ）さないでほしい。

4

耳（みみ）

～が痛（いた）い

意味 他（ほか）の人（ひと）が自分（じぶん）の悪（わる）い所（ところ）や弱（よわ）い所（ところ）について言（い）ってくるので、聞（き）くのがつらい

・健康診断後（けんこうしんだんご）の生活習慣（せいかつしゅうかん）の指導（しどう）では、医者（いしゃ）に耳（みみ）が痛（いた）いことばかり言（い）われた。

・ちゃんとわかっているのに、部長（ぶちょう）は耳（みみ）の痛（いた）いことばかり言（い）ってくる。

～が遠（とお）い

意味 耳（みみ）がよく聞（き）こえない

・年（とし）を取（と）ると耳（みみ）が遠（とお）くなる。

・祖母（そぼ）は耳（みみ）が遠（とお）いので、よく聞（き）こえるように大（おお）きな声（こえ）で話（はな）すようにしている。

～にする

意味 聞（き）こうと思（おも）わなかったけれど聞（き）いた

・この間（あいだ）Ａさんが結婚（けっこん）するってうわさを耳（みみ）にしたけど、本当（ほんとう）だろうか？

・この曲（きょく）は最近（さいきん）よく耳（みみ）にするが、タイトルは知（し）らない。

～を疑（うたが）う

意味 想像（そうぞう）もしなかったことを聞（き）いて、間違（まちが）って聞（き）いたのではないかと驚（おどろ）く

・長年俳優（ながねんはいゆう）として活躍（かつやく）してきた彼女（かのじょ）が、歌手（かしゅ）としてデビューしたと聞（き）いて耳（みみ）を疑（うたが）った。

・あまりにもひどい言葉（ことば）に思（おも）わず耳（みみ）を疑（うたが）った。

～を貸（か）す

意味 相手（あいて）の話（はなし）を聞（き）く

・ちょっと耳（みみ）を貸（か）して。いいこと教（おし）えてあげる。

・私（わたし）の父（ちち）は頑固（がんこ）な性格（せいかく）で、人（ひと）の話（はなし）に耳（みみ）を貸（か）そうとしない。

■ PART3 | 体に関係のある慣用表現 ■

5

目

〜がない

意味 ①価値などを判断する能力がない　②とても好きだ

・だまされやすい私は、人を見る目がないと言われる。

・ケーキに目がない友達に、ケーキの食べ放題に誘われた。

〜に浮かぶ

意味 実際に見ているように、頭の中でイメージする

・外国で結婚式を挙げた友達から手紙がきた。二人の幸せそうな姿が目に浮かぶ。

・今でも10年前に亡くなった母といっしょに旅行先で見た景色が、目に浮かぶ。

〜につく

意味 目立つ

・ここ2、3日気温が上がって、半そでを着ている人が目につく。

・一度嫌いになると、その人の欠点ばかりが目につくようになる。

〜をつける

意味 特に興味を持っている、注目する

・前から目をつけていたバッグが、セールで安くなっているのを見つけた。

・授業中に騒ぐしよく遅刻するから、彼は先生に目をつけられている。

〜を通す

意味 ざっと適当に見る

・会議の前に資料にざっと目を通しておいた。

・毎朝、朝ごはんを食べながら新聞に目を通すのが習慣になっている。

6

足

〜を伸ばす／〜を延ばす

意味 ①今来ているところより、さらに遠くへ行く
②曲がっていたものを真っ直ぐにする

・大阪の実家に帰るついでに、神戸まで足を延ばすことにした。

・足を伸ばして座る。

6

足（あし）

〜を運（はこ）ぶ

意味 行（い）く

・こんなに遠（とお）くまで足（あし）を運（はこ）んでくださって、ありがとうございます。
・彼（かれ）に会（あ）いたくて、彼（かれ）が通（かよ）う大学（だいがく）に何度（なんど）か足（あし）を運（はこ）んだ。

7

首（くび）

〜を長（なが）くする

意味 期待（きたい）して、とても楽（たの）しみに待（ま）っている

・母（はは）が私（わたし）の帰国（きこく）を首（くび）を長（なが）くして待（ま）っていると、兄（あに）のメールに書（か）いてあった。
・この国（くに）に平和（へいわ）が訪（おとず）れる日（ひ）を、人々（ひとびと）は首（くび）を長（なが）くして待（ま）っている。

8

息（いき）

〜が合（あ）う

意味 二人以上（ふたりいじょう）でいっしょに何（なに）かする時（とき）、調子（ちょうし）や気分（きぶん）がぴったり合（あ）う

・乗馬（じょうば）では、人間（にんげん）と馬（うま）の息（いき）をぴったり合（あ）わせることが大切（たいせつ）だ。
・このアイスダンスのペアは、本当（ほんとう）に息（いき）が合（あ）った演技（えんぎ）を見（み）せてくれた。

〜が切（き）れる

意味 息（いき）が苦（くる）しくなる

・寝坊（ねぼう）してあわてて走（はし）ってきたのか、彼（かれ）は教室（きょうしつ）に入（はい）ってきた時（とき）、息（いき）を切（き）らせていた。
・年（とし）を取（と）ると、階段（かいだん）を何段（なんだん）か上（あ）がっただけでも息（いき）が切（き）れてしまう。

9

気（き）

〜が合（あ）う

意味 考（かんが）えや好（この）みが自分（じぶん）と似（に）ていて、うまく付（つ）き合（あ）える

・気（き）が合（あ）う友達（ともだち）だけで集（あつ）まって飲（の）みに行（い）くのは楽（たの）しい。
・大学（だいがく）のサークルで気（き）が合（あ）う友達（ともだち）ができた。

〜が進（すす）まない

意味 積極的（せっきょくてき）にしようという気持（きも）ちになれない≒気（き）が乗（の）らない

・お見合（みあ）いは気（き）が進（すす）まなくて、ずっと断（ことわ）っている。
・気（き）が進（すす）まないなら、今日（きょう）のパーティーへは無理（むり）に行（い）く必要（ひつよう）はない。

第（だい）4章（しょう）

PART3 ┃ 体に関係のある慣用表現 ┃

気

9

～が散る

意味 一つのことに集中できない

・幼い弟たちが騒ぐから、気が散って勉強できない。

・仕事中に電話がよくかかってきて、気が散って自分の仕事に集中できない。

～が早い

意味 先へ先へと急ぎすぎだ

・まだ生まれたばかりの娘に習い事の話をするとは、気が早い。

・今年が始まってまだ何日も経っていないのに、もう年末の話とは気が早い。

手

10

～が空く

意味 一つのまとまった仕事が終わって、時間がある

・手が空いている人は、レジを手伝ってください。

・教えてほしいことがあるので、手が空いたら声をかけてください。

～がかかる

意味 手間がかかる、世話をしなければならない

・息子は中学生になっても自分でちゃんとできないことが多くて、手がかかる。

・まだ子供が小さくて手がかかるので、なかなか自分の時間が取れない。

～が離せない

意味 今していることを途中でやめられない

・今はちょっと手が離せないから、あとで（電話を）かけ直します。

・母は料理をしていて手が離せないので、私が荷物を受け取った。

～を貸す／借りる

意味 手伝う

・ちょっと手を貸してくれない？　これ、今日中に仕上げないといけないんだけど、人手が足りないんだ。

・子育ては一人でがんばろうと思わないで、いろいろな人たちの手を借りた方がいい。

11

腕
（うで）

～がいい

意味 技術、能力がある
・腕のいいカメラマンが撮ると、同じ景色でも全然違って見える。
・彼はこの病院で一番腕のいい外科の医師として有名だ。

～が上がる／～を上げる

意味 技術や芸が上達する
・一人暮らしを始めてから料理の腕が上がって、カレーライス以外にもいろいろ作
れるようになった。
・父はゴルフの腕を上げるために、毎日のように練習している。

12

肩
（かた）

～を落とす

意味 落ち込む（←P72参照）
・試合に負けて肩を落として戻ってきた選手たちを、監督はよくがんばったと
笑顔で迎えた。
・自信があっただけに、その知らせを聞いて彼はがっくりと肩を落とした。

～を貸す

意味 病人やけが人などを支える、助ける
・試合中に足をけがして立てなくなり、友達に肩を貸し
てもらって退場した。
・友達に泣きたい時はいつでも肩を貸すよと言われて
とてもうれしかった。

～を並べる

意味 同じレベルの力を持つ、同じ地位に立つ
・去年の大会では1回戦で負けたA高校だが、たった1年で去年の優勝校と肩を
並べるほど強くなった。
・営業成績で田中さんと肩を並べる人はいない。3年連続でトップだ。

PART3 | 体に関係のある慣用表現

確認問題

下線部に体の部分を表す漢字を入れて、文を完成させましょう。

（1）うちの夫は小学生の息子と同じくらい＿＿＿＿＿がかかる。自分のことは
自分でやってほしい。

（2）彼女はアイスクリームには＿＿＿＿＿がなくて、毎日必ず一つは食べないと
一日が終わらないと言う。

（3）いつか先生と＿＿＿＿＿を並べるくらいの指揮者になって、世界の有名な
オーケストラで指揮するのが僕の夢です。

（4）A：わざわざこんな遠くまで来てくださって、ありがとうございます。

B：いえいえ、ちょうど出張で近くまできたものですから、ちょっと＿＿＿＿＿を
伸ばしてみたただけです。

（5）久しぶりに娘が作った料理を食べてみたら、ずいぶん＿＿＿＿＿が上がっていて
驚いた。

（6）ほら、早く行こう。おばあちゃんが太郎に会いたくて、＿＿＿＿＿を長くして
待ってるよ。

（7）横でいろいろ言われると＿＿＿＿＿が散るから、ちょっと黙っててくれないかな。

（8）＿＿＿＿＿が痛いこともちゃんと言ってくれる友達が、本当の友達だと思う。

（9）佐藤さんは結構＿＿＿＿＿が広いから、いい人がいないか聞いてみたら？

（10）いくらあなたに＿＿＿＿＿を下げて頼まれても、無理なものは無理なんです。

みなさんが日本語を勉強したいと思ったきっかけは、それぞれにあると思いますが、サブカルチャーを含む、日本の文化に興味があって勉強を始められた方が多いのではないでしょうか。日本語で、同じ趣味や興味を持っている日本人と会話ができるようになると、もっと楽しい時間が持てるかもしれませんね。
ここでは、PartⅠで扱えなかった、趣味や娯楽に関するカタカナ語を紹介します。

■カードゲーム〈cardgame〉

トランプをはじめ、カードを使ったゲームは世界中で古くから楽しまれてきましたが、日本では、1990年代後半から、アニメや漫画のキャラクターが描かれたトレーディングカードが発売され、大人気となっています。

■キャラクター〈character〉

まんが、映画、ドラマ、アニメなどの登場人物を意味します。アニメなどで人気のあるキャラクターを、商品の名前やデザインに用いた文房具や食品、衣料品などの商品をキャラクターグッズと言います。

■シナリオ〈scenario〉

映画やテレビ番組の脚本（せりふや場面説明などを書いたもの）のことを言い、台本とも言われます。シナリオを書くことを職業とする人のことをシナリオライター〈scenario writer〉と言います。

■シリーズ〈series〉

本や映画、ドラマなどで、ある目的や中心となる考えをもとにつくられた、似ていて連続しているもの。
・あの人気テレビドラマシリーズが、映画化されることになった。
・「スターウォーズ」シリーズの中では3作目が一番好きだ。

■スクリーン〈screen〉

映画を映す幕のことですが、映画や映画界そのものを指す場合もあります。
・「あのゴジラがスクリーンに戻ってくる！」

■バラエティー〈variety〉

「バラエティーに富む」という言い方で、種類や変化が豊富にあるという意味でも使われますが、テレビを見ている人達を楽しませるために、歌やクイズ、短いドラマなど、いろいろなものを入れた娯楽番組のことを指します。

■レンタル〈rental〉

料金を払って、短期間（数時間や数日間）借りること。レンタルビデオや、レンタ（ル）サイクルなどがあります。「する」をつけて、「～をレンタルする」と動詞として使うこともできます。

■ストーリー〈story〉

物語
・「あのドラマは、演出や俳優の演技もいいけど、何といってもストーリーが感動的だよね。涙なしには見られないよ。」

■コレクション〈collection〉

何かを集めることを意味します。趣味としてのコレクションでは、昔は、美術品や切手、コインなどが代表的なものでしたが、現代では、好きなマンガやアニメのキャラクターグッズ、トレーディングカードなどを集める人も多いようです。

■クイズ〈quiz〉

日本では、夜7時から8時ごろ、毎日のようにテレビでクイズ番組が放送されています。

第4章

PART1 擬音語・擬態語（オノマトペ）

1 いきいき

意味 元気があふれている様子

・彼女は絵を描いている時が一番いきいきしている。

・娘は、いきいきとした目で留学生活で経験したことを話してくれた。

2 うろうろ

意味 どこへも行かないで、あっちへ行ったりこっちへ来たりしている様子

・さっきからうちの前を知らない男がうろうろしている。

・妻が出産で大変な思いをしている時に、僕は廊下でうろうろしているしか

なかった。

3 ぐったり

意味 疲れや病気で体に力が入らない様子

・一日中休む間もなく働いて家に帰ったら、もうぐったりとして何もする気がしない。

・その子は高熱でぐったりとベッドに横たわっていた。

4 くよくよ

意味 悩んでもどうしようもないことをいつまでもいろいろ心配する様子

・誰も気にしてないからいつまでもくよくよしないで。

・いつまでもくよくよ悩んでいても何も解決しない。

5 こっそり

意味 人に知られないように何かをする様子

・授業中先生に気づかれないように、教科書で隠してこっそり弁当を食べた。

・友達は私だけにこっそり教えてくれた。

6 さっさ（と）

意味 何かを気にしたり迷ったりしないで、早く行う様子

・さっさと仕事を済ませて帰ろう。

・彼女は言いたいことだけ言って、さっさとその場を去った。

7 ざっと

意味 ①おおまかに　②およそ　③勢いよく

・頂いた資料はざっと拝見しました。

・参加者はざっと千人です。

・軽くゆでたら、ざっと水をかけてください。

8 し（い）んと

意味 とても静かで、物音が全然聞こえない様子

・ショックのあまり誰も何も言えず、会場はしいんとなった。

・夏休みの学校は誰もいなくてしいんとしていた。

PART1 擬音語・擬態語（オノマトペ）

9 ずらりと／ずらっと

意味 多くの人や物が列を作って並んでいる様子

・会場の裏口にはファンがずらっと並んでアイドルが出てくるのを待っていた。

・校長先生はじめ先生方がずらりと並んで座っていた。

10 せっせと

意味 休まずに一生懸命やっている様子

・若いうちはせっせと働いてお金を貯めておいたほうがいい。

・親鳥はひな鳥たちにせっせとえさを運んでいた。

11 どっと

意味 ①人や物が急にたくさん出てくる様子　②大勢の人がいっせいに声を出す様子

・空港に迎えに来てくれた家族の姿が見えたとたん、どっと涙があふれた。

・家に帰るとどっと疲れが出て、ソファに倒れこんだまま動けなくなった。

・彼の言葉に会場の観客はどっと笑った。

12 のろのろ

意味 動きが遅い様子

・息子は毎朝学校に行きたくなくて、のろのろと準備をする。

・おじいさんは一度立ち止まって、またのろのろと歩き出した。

13 ばったり

意味 ①急に落ちたり倒れたりする様子 ②不意に、思いがけず

・疲れきって、家に帰るとソファにばったり倒れこんだ。

・スーパーでばったり先生に会った。

14 びっしょり

意味 ひどく濡れている様子

・少し走っただけで汗びっしょりになった。

・急に雨が降ってきて、頭から足先までびっしょり濡れてしまった。

15 ふらふら

意味 ①体の一部が不安定な様子 ②はっきり決められなくて迷っている様子

・高熱のせいで（頭が）ふらふらする。

・酔っぱらってふらふら歩いている。

・就職もしないでふらふらしている。

・まだ気持ちがふらふらしていて、ちゃんとした返事ができない。

16 ぶらぶら

意味 ①ぶらさがったものが揺れて動く様子 ②目的もなく歩く様子

・その子はいすに腰掛けて、足をぶらぶらさせながら待っていた。

・銀座の大通りをぶらぶらした。

・ちょっとその辺をぶらぶらしてきた。

第5章

PART1 ┃擬音語・擬態語（オノマトペ）

17 ぼんやり

意味 ①はっきりしない様子　②集中力がない様子

・遠くの山がぼんやりと見える。

・その日のことはぼんやりとしか覚えていない。

・窓辺のいすに腰掛けてぼんやりと考え込んでいた。

・一日中何もせず、ただぼんやりと過ごしていた。

文の内容に合う言葉を □ から選んで（　　　）に入れましょう。

> いきいき・さっさと・ぼんやり・ずらりと・こっそり
>
> せっせと・ふらふら・し（い）んと・びっしょり・うろうろ
>
> のろのろ・どっと・ばったり・くよくよ・ざっと

（1）先生が入ってきたとたん、それまでにぎやかだった教室は（　　　）なった。

（2）いつまでも働かないで（　　　）している息子には、一日も早く就職してほしい。

（3）留学のために、大学で勉強しながらアルバイトをして（　　　）貯金した。

（4）面接の時、名前を呼ばれて部屋に入ると、そこには社長はじめ役員たちが（　　　）並んで座っていて、とても緊張したことを覚えている。

（5）私が好きなお菓子を妹に食べられないように、机の引き出しに隠しておいて、妹が寝てから、（　　　）食べた。

（6）ぴょんぴょん跳ねるうさぎと、（　　　）歩くかめ、どちらが早くゴールしたと思いますか？

（7）残ってる仕事を（　　　）片付けないと、友達との約束の時間に間に合わない。

（8）彼を見つけたファンがサインを求めて、（　　　）集まってきた。

（9）デパートの前で（　　　）していたら、偶然彼女が通りかかった。

（10）母は舞台の上で（　　　）と輝いて見えた。あんな母の姿は初めて見た気がする。

■ PART1 ┃擬音語・擬態語（オノマトペ）┃

(11) 成績が下がって落ち込んでいると、いつまでも（　　　）しないで
また次がんばろうと、友達が励ましてくれた。

(12) 今年85歳になる父は、窓際にあるいすに腰掛けて（　　　）している
時間が増えた。

(13) 買い物に行く途中で近所の奥さんと（　　　）会って、30分も立ち話を
してしまった。

(14) ある夏の午後、昼寝から起きた2歳の息子は（　　　）汗をかいていた。

(15) その原稿、（　　　）読んでみたけどなかなか面白かったよ。

■ PART2 ┃接頭辞（単語の前につく言葉）┃

❶否定の意味を持つ接頭辞

1	非（ひ）	・非常、非効率、非公開、非日常、非常識
2	不（ふ）	・不合格、不正、不健康、不慣れ
3	不（ぶ）	・不用心、不器用、不格好、不作法
4	無（む）	・無神経、無免許、無気力、無抵抗
5	無（ぶ）	・無事、無礼、無遠慮、無愛想

❷意味が似ている接頭辞

1	各＝それぞれの	・各自、各種、各国、各地
	諸＝いくつかの	・諸国、諸島、諸問題、諸事情
2	前＝過去の／前の	・前例、前年度、前任、前大統領
	元＝以前の	・元校長、元タレント、元サッカー選手、元首相
3	総＝全体の	・総会、総数、総額、総称
	全＝すべての	・全国、全体、全域、全力、全校
4	別＝違う／別々の	・別世界、別行動、別方向、別問題
	異＝同じでない	・異国、異分野、異文化、異業種

■ PART2 | 接頭辞（単語の前につく言葉）

❸その他の接頭辞

1	最=程度が一番高い、または低い	・最強、最良、最善、最終
2	再=もう一度	・再婚、再考、再出発、再会
3	初=はじまり	・初日、初期、初夏、初対面
4	超=程度が極端な	・超満員、超特急、超大国
5	副=①主となるものを助ける	・副収入、副業、副社長、副読本
	②主となるものといっしょに	・副賞、副作用、副産物、副反応
6	名=優れた	・名医、名曲、名演技、名選手
7	生=①録画や録音ではなく、直接見たり聞いたりする	・生演奏、生放送、生番組
	②いいかげんで十分でない	・生煮え、生乾き、生返事

線で結びましょう。結び付くものは一つだけです。

〈A〉（1）副・　　　　　・級

（2）無・　　　　　・理解

（3）元・　　　　　・反応

（4）初・　　　　　・高齢化

（5）最・　　　　　・愛

（6）超・　　　　　・社長

〈B〉（1）不・　　　　　・参加

（2）非・　　　　　・学年

（3）総・　　　　　・国

（4）生・　　　　　・人口

（5）全・　　　　　・演奏

（6）各・　　　　　・常識

■ PART3 接尾辞（単語の後につく言葉）
せつ び じ　　　　たん ご　　あと　　　　こと ば

❶職業に関する接尾辞
しょくぎょう　　かん　　　　せつ び じ

1	家 か	・作家、画家、漫画家、作曲家 さっ か　が か　まん が か　さっきょく か
2	員 いん	・議員、事務員、公務員 ぎ いん　じ む いん　こう む いん
3	師 し	・看護師、教師、手品師 かん ご し　きょう し　て じ な し
4	士 し	・弁護士、栄養士、消防士 べん ご し　えいよう し　しょうぼう し
5	者 しゃ	・学者、医者、役者 がくしゃ　い しゃ　やくしゃ

❷お金に関する接尾辞
かね　　かん　　　　せつ び じ

1	代 だい	・バイト代、本代、食事代、タクシー代 だい　ほんだい　しょく じ だい　　　　　だい
2	費 ひ	・交通費、生活費、光熱費、製作費 こうつう ひ　せいかつ ひ　こうねつ ひ　せいさく ひ
3	料 りょう	・送料、授業料、手数料、入場料 そうりょう　じゅぎょうりょう　て すうりょう　にゅうじょうりょう

❸その他の接尾辞（せつびじ）

1	化（か）	・国際化（こくさいか）、温暖化（おんだんか）、高齢化（こうれいか）
2	式（しき）	・入学（にゅうがく）／卒業式（そつぎょうしき）、結婚式（けっこんしき）、開／閉会式（かい／へいかいしき）、表彰式（ひょうしょうしき）
3	性（せい）	・動／植物性（どう／しょくぶつせい）、可能性（かのうせい）、危険性（きけんせい）、重要性（じゅうようせい）
4	的（てき）	・私的（してき）、知的（ちてき）、科学的（かがくてき）、精神的（せいしんてき）
5	風（ふう）	・和／洋風（わ／ようふう）、古風（こふう）、校風（こうふう）、作風（さくふう）
6	別（べつ）	・種別（しゅべつ）、性別（せいべつ）、職種別（しょくしゅべつ）、年齢別（ねんれいべつ）
7	率（りつ）	・進学率（しんがくりつ）、就職率（しゅうしょくりつ）、成功率（せいこうりつ）、円周率（えんしゅうりつ）
8	力（りょく）	・学力（がくりょく）、体力（たいりょく）、気力（きりょく）、視力（しりょく）

第5章

■ PART3 ┃接尾辞（単語の後につく言葉）┃

（　　　　）の中に適当な漢字を□の中から選んで入れましょう。

> 別 ・ 率 ・ 費 ・ 料 ・ 士 ・ 家 ・ 式 ・ 化
> 師 ・ 代 ・ 者 ・ 的 ・ 風 ・ 力 ・ 性 ・ 員

（1）うちの会社は残業（　　　　）を払ってくれない。

（2）今晩は中華（　　　　）スープにしよう。

（3）筋（　　　　）が落ちてきているから、トレーニングしなきゃ。

（4）その学生は授業に積極（　　　　）に参加している。

（5）子供が好きなので、将来は保育（　　　　）になるのが夢だ。

（6）ここは作業（　　　　）たちが、作業の合い間に休憩する場所だ。

（7）彼の家は父親が指揮（　　　　）、母親がピアニスト、兄が作曲（　　　　）と、
音楽一家だ。

（8）日本では近年、少子化が進み、出生（　　　　）が下がり続けている。

（9）参加（　　　　）は一人千円です。当日受付でお支払いください。

（10）会社を立て直すには、費用や作業の思い切った効率（　　　　）が必要だ。

（11）日本では、入社（　　　　）がたいてい4月1日に行われる。

（12）科目（　　　　）に配点が異なるので、注意してください。

第2部に進む前に、ちょっとひと息！ これまでたくさんの言葉を覚えるのに頭を使ってきたので、ここでは頭を少し休めて、軽く口のトレーニングをやってみましょう。日本人でもなかなか難しい早口言葉です。それぞれ三回ずつ言います。さあ、チャレンジ！！

なまむぎ
なまごめ
なまたまご

（生麦 生米 生卵）

あかまきがみ
あおまきがみ
きまきがみ

（赤巻紙 青巻紙 黄巻紙）

なかなか
カタカナ
かけなかったな

（なかなか カタカナ 書けなかったな）

すもも
もも
もものうち

（すももも 桃も 桃のうち）

にわには
にわ
にわとりがいる

（庭には 二羽 にわとりがいる）

となりのきゃくは
よくかきくう
きゃくだ

（隣の客は よく柿食う 客だ）

第2部
問題形式に慣れよう

問題1 （　　）に入れるのに最もよいものを、1・2・3・4から一つ選びなさい。

（1）夏休みの練習はかなり（　　）だったが、おかげで秋の大会で優勝することができた。

　　1　スムーズ　　　2　ハード　　　　3　オーバー　　　4　ソフト

（2）仕事と家庭はきちんと（　　）して考えるべきだと思う。

　　1　差別　　　　　2　区別　　　　　3　特別　　　　　4　区分

（3）なぜかわからないが、雨の日は気持ちが（　　）、何もやる気がしない。

　　1　思い込んで　　2　詰め込んで　　3　落ち込んで　　4　降り込んで

（4）救急車で運ばれたが、（　　）の結果、軽い貧血ということで点滴を受けて帰宅した。

　　1　診察　　　　　2　医療　　　　　3　観察　　　　　4　治療

（5）前に貸したお金も返してもらっていないのに、また1万円貸してくれなんて（　　）人だ。

　　1　やかましい　　2　貧しい　　　　3　くどい　　　　4　厚かましい

（6）カラオケに行って大きな声で（　　）歌ったらすっきりした。

　　1　思い切り　　　2　思わず　　　　3　一斉に　　　　4　多少

（7）階段で（　　）、強くひざを打ってしまった。

　　1　ひねって　　　2　つかまって　　3　つかんで　　　4　つまずいて

問題2 ＿＿＿＿＿の言葉に最も意味が近いものを、1・2・3・4から一つ選びなさい。

（1）子供が3人以上集まるとうるさくなるのは当たり前のことだ。

　　1　めずらしく　　2　なつかしく　　3　さわがしく　　4　楽しく

（2）東の空がだんだん明るくなってきた。

　　1　だいたい　　　2　次第に　　　　3　やっと　　　　4　たちまち

（3）おつりの間違いに気づいてすぐにお客様を追いかけ、丁寧に謝った。

　　1　おわびした　　2　おじぎした　　3　訂正した　　　4　直した

（4）インターネットが普及してから便利になった一方で、いろいろな問題も出てきている。

　　1　長引いて　　　2　始まって　　　3　広まって　　　4　使われて

（5）田中さんは年を取っても、若い時と変わらずスマートでうらやましい。

　　1　かっこよくて　2　活発で　　　　3　スムーズで　　4　スイートで

問題3 次の言葉の使い方として最もよいものを、1・2・3・4から一つ選びなさい。

（1）なぐさめる

1 入院している友達をクラスメイト達がなぐさめた。

2 試合中に疲れた様子の選手に「がんばれ、もっと走れるぞ」とコーチは
なぐさめた。

3 おもちゃを買ってほしいと、店の中で大きな声で泣く子供を叱ってなぐさめた。

4 私がN2に合格したら、どうかなぐさめてください。

（2）勝敗

1 彼のゴールがこの試合の勝敗を決めた。

2 大勢で一人を攻めるのではなく、一対一で勝敗するべきだ。

3 延長戦でようやく勝敗がついた。

4 勝敗に強い人は試合の途中でどんなことが起こっても落ち着いている。

（3）せいぜい

1 集まってもせいぜい10人くらいだと思っていたのに、100人を超える人がいて
驚いた。

2 せいぜいここまで来たのに、中に入らないのはもったいない。

3 今度のCDはせいぜい10万枚は売れると思っていのに、1万枚しか売れなかった。

4 大学入試が終わってせいぜいした。

（4）あいまい

1 イエスかノーかあいまいに答えてください。

2 彼は好きだと言われてからも、彼女に対してあいまいな態度を取り続けた。

3 戦う前から彼が負けることはあいまいなのに、どうして戦おうとするのか。

4 私はあいまいな性格なので、いつもなかなか決められなくて悩んでしまう。

（5）機嫌

1 娘の機嫌がいいか悪いかは、顔を見ればすぐわかる。

2 彼女はいつも忙しくて、なかなか会う機嫌がない。

3 私はいつでも暇ですから、そちらのご機嫌のいい時にご連絡ください。

4 機嫌な時は、彼に近寄らない方がいい。

問題1 （　　）に入れるのに最もよいものを、1・2・3・4から一つ選びなさい。

（1）この子の母親は子供に（　　）関心で、愛情が不足していた。

　　　1　無　　　　　2　非　　　　　3　不　　　　　4　否

（2）このアパートに住む人たちは、廊下で（　　）と、笑顔であいさつする。

　　　1　入れ違う　　2　間違う　　　3　すれ違う　　4　ぶつかる

（3）先生は私の絵を見て、（　　）絵だとほめてくれた。

　　　1　見事な　　　2　高級な　　　3　豪華な　　　4　誠実な

（4）昨年計画したけどできなかったことを、今年こそ（　　）したいと思っている。

　　　1　企画　　　　2　実現　　　　3　実施　　　　4　検討

（5）車を運転している時、（　　）子供が道に飛び出してきて、あわててブレーキを
　　　かけた。

　　　1　ひとまず　　2　次第に　　　3　いずれ　　　4　いきなり

（6）学校帰りの電車の中で友達としゃべっていたら、うっかり（　　）しまった。

　　　1　乗り越して　2　乗り越えて　3　乗り継いで　4　乗り遅れて

（7）彼女は環境問題に興味があって、ボランティア活動に（　　）に参加している。

　　　1　消極的　　　2　積極的　　　3　客観的　　　4　主観的

問題2 ＿＿＿＿＿の言葉に最も意味が近いものを、1・2・3・4から一つ選びなさい。

（1）彼が遅刻することはたまにしかない。

　　　1　割とある　　2　しょっちゅうある　　3　必ずしもない　　4　めったにない

（2）友達は忘れ物をしたと言って、教室へ引き返した。

　　　1　行った　　　2　戻った　　　3　帰った　　　4　振り返った

（3）息子は試合中にコーチに叱られてへこんでいた。

　　　1　荒れて　　　2　にらんで　　3　座り込んで　4　落ち込んで

（4）この製品の用途はいろいろあってとても便利だ。

　　　1　目的　　　　2　やり方　　　3　使い方　　　4　形式

（5）遊んだ後はさっさと片付けるようにいつも息子に言っているが、なかなかできない。

　　　1　ざっと　　　2　のろのろ　　3　早く　　　　4　ゆっくり

問題3 次の言葉の使い方として最もよいものを、1・2・3・4から一つ選びなさい。

（1）口がうまい

1　この店のケーキは本当に口がうまいから食べてみてください。

2　彼は授業中に友達としゃべっていて先生に口がうまいとしかられた。

3　口がうまい人は、たいてい料理が上手だと言われている。

4　彼はハンサムではないが、口がうまいから女子に人気がある。

（2）容易な

1　一人でこの仕事を全部するのは容易なことではない。

2　容易な考えで、そんな大事なことを決めてはいけない。

3　この小説は文章が容易なので、日本語でもわかりやすく、外国人に人気がある。

4　運動するときは、動きやすいように容易な服を着たほうがいい。

（3）たいして

1　彼はたいして勉強しないのに、参考書はたくさん持っている。

2　この歌手は最近たいして人気があるから、彼女を見ようと大勢の人が空港に
　　集まった。

3　たいして早起きしない娘が、朝6時に起きてきたので驚いた。

4　この問題は難しすぎて、たいしてわからない。

（4）引用

1　井上選手はこのオリンピックを最後に引用すると発表した。

2　この店ではクレジットカードは引用できないと言われて困った。

3　レポートを書く時、引用の量が多すぎてはいけない。

4　この資料を10部、引用してください。

（5）注ぐ

1　ネギを細かく注いで、炒める。

2　窓を開けるとさわやかな風が注いできた。

3　このプロジェクトに持っているすべての力を注いできた。

4　彼に関するよくないうわさが耳に注いできた。

問題1　（　　）に入れるのに最もよいものを、1・2・3・4から一つ選びなさい。

（1）我が社の新商品が若者の間で（　　　）になっていて、売り切れになっている店もあるらしい。

　　　1　主題　　　　　2　課題　　　　　3　題名　　　　　4　話題

（2）仕事ばかりしていないで、（　　　）する時間を持ったほうがいい。

　　　1　イメージ　　　2　トレーニング　3　リラックス　　4　コミュニケーション

（3）何をやるにもバランスが大切で、どちらか一方に（　　　）のはよくない。

　　　1　たおれる　　　2　かかわる　　　3　かたよる　　　4　ころがる

（4）今朝、通勤電車の中で（　　　）高校時代の同級生に会った。

　　　1　こっそり　　　2　ばったり　　　3　ずらりと　　　4　どっと

（5）この手術の成功（　　　）はかなり低いと言われたが、受けることにした。

　　　1　力　　　　　　2　化　　　　　　3　率　　　　　　4　料

（6）子供一人育てるのにかかる（　　　）は、3000万円とも言われている。

　　　1　代金　　　　　2　金融　　　　　3　預金　　　　　4　費用

（7）ペットを飼う人の多くは、ペットを家族として（　　　）。

　　　1　応じる　　　　2　含む　　　　　3　対する　　　　4　扱う

問題2　＿＿＿＿＿の言葉に最も意味が近いものを、1・2・3・4から一つ選びなさい。

（1）彼は10年前の約束を守るために、私に会いに来た。

　　　1　果たす　　　　2　保つ　　　　　3　保護する　　　4　仕上げる

（2）通信販売で買った商品が不良品だったので、返金してもらった。

　　　1　払い戻して　　2　引き出して　　3　返送して　　　4　引き返して

（3）お見舞いに行ったのに、反対にたくさんごちそうになってしまい、申し訳なかった。

　　　1　むしろ　　　　2　かえって　　　3　やはり　　　　4　いっそう

（4）今回の出張はスケジュールがハードで、現地のおいしい料理を楽しむ余裕はなかった。

　　　1　きつくて　　　2　かたくて　　　3　オーバーで　　4　スムーズで

（5）このコピー機は扱いが簡単で使いやすい。

　　　1　動作　　　　　2　使用　　　　　3　作業　　　　　4　操作

次の言葉の使い方として最もよいものを、1・2・3・4から一つ選びなさい。

(1) 納得

1 説明を聞いてすべての条件に納得したので、契約書にサインした。

2 学生がこの文法の使い方をちゃんと納得したかどうか、テストをすればわかる。

3 兄の話には納得力があるので、悩んだ時はいつも相談する。

4 前からほしかった靴が、セールで3割引きになっていて納得した。

(2) 穏やか

1 仕事を辞めてからは、田舎に戻って畑仕事をしながら穏やかな日々を
過ごしている。

2 山の朝の空気は穏やかで気持ちいい。

3 新しい会社での仕事は穏やかで、上司や同僚もいい人ばかりだ。

4 息子は子供の頃はとても穏やかで、少しの間もじっとしていない子だった。

(3) めっきり

1 今日の彼女はおしゃれなかっこうをして、めっきりきれいだ。

2 半年ぶりに髪を切ってめっきりした。

3 11月に入って朝晩はめっきり寒くなった。

4 日本に来てから日本語の力がめっきり伸びている。

(4) 依頼

1 有名な作家に執筆を依頼したが、断られた。

2 彼とは20年の付き合いなので100%依頼している。

3 彼女は勉強も運動もできて誰にでもやさしいので、クラスメートから
依頼されている。

4 お酒は適度に飲むのはいいが、いつも飲まないといられないくらい
依頼するのは問題だ。

(5) ふくらむ

1 あっという間に貯金は300万円にふくらんだ。

2 彼女はちょっと気に入らないことがあると、すぐにふくらむ。

3 何日か経つと、風船は自然にふくらむ。

4 友達と将来について話していると、どんどん夢がふくらむ。

第3部
解答編

PART 1

かくにんもんだい
確認問題 1

（1）駐車、駐車 　　（2）延期 　（3）標準 　（4）勝負 　（5）実行 　（6）結論

（7）順番 　　（8）天候 　（9）将来 　(10)人生 　(11)要求 　(12)才能

かくにんもんだい
確認問題 2

（1）削減 　　　　（2）調整 　　　　（3）経営 　　　　（4）施設 　　　　（5）中心

（6）休暇 　　　　（7）評価、批評 　（8）混雑 　　　　（9）尊重 　　　　(10)救助

(11)活動 　　　　(12)発見

PART 2

かくにんもんだい
確認問題 1

（1）汚染 　　　　（2）解放 　　　　（3）納得 　　　　（4）無視 　　　　（5）引退

（6）意識、開発 　（7）誤解 　　　　（8）解決 　　　　（9）伝言 　　　　(10)一致

かくにんもんだい
確認問題 2

（1）工夫 　（2）構成 　（3）実現 　（4）重視 　（5）主張 　（6）上達

（7）処理 　（8）推薦 　（9）設定 　(10)制限 　(11)期待 　(12)苦労

PART 3

かくにんもんだい
確認問題 1

（1）ふくらみ 　（2）本日 　　（3）夕立 　　（4）睡眠 　　　（5）かけて

（6）高齢化 　　（7）厳しくて 　（8）治療

かくにんもんだい
確認問題 2

（1）双子、好み 　（2）頂上、眺め 　（3）才能 　　（4）機嫌 　　（5）費用

（6）理想 　　　　（7）もうけ 　　（8）親

第2章

PART 1

確認問題

（1）もどって　　（2）捜して　　（3）理解　　（4）広まった　　（5）超える

（6）訂正　　（7）発達　　（8）近づいて　　（9）怒った　　（10）移転

PART 2

確認問題

（1）かけて　　（2）取って　　（3）崩し　　（4）落ちる　　（5）注ぐ

（6）出た　　（7）破り　　（8）当たり　　（9）崩さない　　（10）かけ

（11）切れて　　（12）出て　　（13）刻んで（刻み）

PART 3

確認問題

（1）持つ　　（2）出し　　（3）込ん　　（4）引き　　（5）組ん　　（6）越え

（7）かけ　　（8）上がっ　　（9）差し　　（10）直す

PART 4

確認問題 1

（1）触れる　　（2）うなずき　　（3）求めて　　（4）削る　　（5）狙って　　（6）絞って

（7）招いて　　（8）扱う　　（9）味わって　　（10）つかむ　　（11）跳ねたり　　（12）縫って

確認問題 2

（1）目立た　　（2）あふれて　　（3）生じた　　（4）凍る

（5）仕上がる、仕上がり　　（6）気づく　　（7）長引いて　　（8）すれ違う

（9）ふくらんだ　　（10）迫って　　（11）含んで　　（12）背負って

確認問題 3

プラス（＋）のイメージ　微笑む、恵まれる、果たす、実る、優れる、励ます、憧れる、敬う、
蓄える、支える、救う

マイナス（－）のイメージ　怒鳴る、つまずく、傾く、偏る、恨む、溺れる、疑う、劣る、奪う、
へこむ、失う、誤る、欠ける、恐れる、あきれる、荒れる、裏切る

第3章

PART1
確認問題

〈A〉
（1）強引なやり方はよくない。

（2）慎重な性格だから失敗は少ない

（3）厚かましいお願いをしてしまった。

（4）見事な作品だとほめられた。

（5）ありがたい（お）言葉を頂いた。

（6）誠実な人はうそがつけない。

（7）手軽な料理しかできない。

（8）素直な心を持ち続けてほしい。

〈B〉
（1）貧しい家庭で育った。

（2）面倒な手続きに時間をとられた。

（3）強気な発言で周りの人を驚かせた。

（4）順調なスタートを切った。

（5）穏やかな天気に恵まれた。

（6）さわやかな空気を胸いっぱいに吸い込んだ。

（7）険しい山道の上り下りは、高齢者にはきつい。

PART2
確認問題1

（1）いきなり　　（2）相当　　（3）一斉に　　（4）徐々に　　（5）いずれ

（6）割と　　（7）直ちに　　（8）一段と　　（9）常に　　（10）ようやく

（11）しょっちゅう　（12）すでに　（13）多少　　（14）たちまち

確認問題2（解答例）

（1）どんなにがんばって貯金しても、1年でせいぜい50万円ぐらいだろう。

（2）どうせ会議には間に合わないから、急がないでゆっくり行こう。

（3）新型コロナウイルスの感染者は、今後恐らく増えていくだろう。

（4）あまりにも素晴らしい演奏だったので、思わず立ち上がってブラボーと叫んでしまった。

（5）ボーナスも出たことだし、思い切って海外旅行にでも行こう。

（6）彼とはただの友達で、別に恋人でも何でもない。

（7）日本に長く住んでいるからといって、必ずしも日本語が上手だとは限らない。

（8）健康のために、運動をするのはいいが、やりすぎたらかえって体に悪い。

（9）私の結婚式にわざわざアメリカから来てくださって、ありがとうございます。

（10）ここに集まっている人は、主にボランティアで日本語を教えている人たちだ。

だい しょう
第4章

PART1

かくにんもんだい
確認問題1

（1）カット　　　　　（2）ミス　　　　　（3）アカウント　　（4）スムーズ　　　（5）マスター

（6）インストール、ダウンロード　　　（7）モニター　　　（8）アクセス　　　（9）フリー

（10）リラックス

かくにんもんだい
確認問題2

（1）インターホン　　（2）マナー　　　　（3）タイトル　　　　（4）ベテラン

（5）サブカルチャー　（6）スケジュール　（7）ブーム　　　　　（8）チャンス

（9）ステージ　　　　（10）スペース　　　（11）コーチ　　　　　（12）レジャー

（13）メーカー　　　　（14）スタイル　　　（15）インタビュー

PART2

かくにんもんだい
確認問題

（1）供給⇔需要　　　（2）困難な⇔容易な　　（3）払い戻し（て）⇔払い込む

（4）差別⇔平等　　　（5）異常⇔正常　　　　（6）解散⇔集合　　　（7）値上がり⇔値下がり

（8）積極的⇔消極的　（9）鋭い⇔鈍い　　　　（10）具体的⇔抽象的

PART3

かくにんもんだい
確認問題

（1）手　　（2）目　　（3）肩　　（4）足　　（5）腕　　（6）首　　（7）気

（8）耳　　（9）顔　　（10）頭

PART1
かくにんもんだい
確認問題

（1）し（い）んと （2）ふらふら （3）せっせと （4）ずらりと （5）こっそり

（6）のろのろ （7）さっさと （8）どっと （9）うろうろ （10）いきいき

（11）くよくよ （12）ぼんやり （13）ばったり （14）びっしょり （15）ざっと

PART2
かくにんもんだい
確認問題

〈A〉

（1）副反応 ふくはんのう （2）無理解 むりかい （3）元社長 もとしゃちょう （4）初級 しょきゅう

（5）最愛 さいあい （6）超高齢化 ちょうこうれいか

〈B〉

（1）不参加 ふさんか （2）非常識 ひじょうしき （3）総人口 そうじんこう （4）生演奏 なまえんそう

（5）全学年 ぜんがくねん （6）各国 かっこく

PART3
かくにんもんだい
確認問題

（1）代 だい （2）風 ふう （3）力 りょく （4）的 てき （5）士 し （6）員 いん

（7）者、家 しゃ、か （8）率 りつ （9）費 ひ （10）化 か （11）式 しき （12）別 べつ

〈第1回〉

問題1　（1）2　　（2）2　　（3）3　　（4）1　　（5）4　　（6）1　　（7）4

問題2　（1）3　　（2）2　　（3）1　　（4）3　　（5）1

問題3　（1）1　　（2）1　　（3）1　　（4）2　　（5）1

〈第2回〉

問題1　（1）1　　（2）3　　（3）1　　（4）2　　（5）4　　（6）1　　（7）2

問題2　（1）4　　（2）2　　（3）4　　（4）3　　（5）3

問題3　（1）4　　（2）1　　（3）1　　（4）3　　（5）3

〈第3回〉

問題1　（1）4　　（2）3　　（3）3　　（4）2　　（5）3　　（6）4　　（7）4

問題2　（1）1　　（2）1　　（3）2　　（4）1　　（5）4

問題3　（1）1　　（2）1　　（3）3　　（4）1　　（5）4

実践問題 解答

索
引

索
引

【監修者紹介】

◎南雲智：東京都立大学名誉教授。2019 年、一般社団法人留学生就職サポート協会を設立し、理事長に就任。日本企業で働きたい外国人留学生向けに各種教育・啓発活動を行い、優秀な外国人留学生の就職をサポートしている。

【著者紹介】

◎髙橋麻路：日本語学校講師

よくわかる！日本語能力試験　Ｎ２合格テキスト〈語彙〉

2024 年 12 月 10 日　初版第 1 刷発行

監　修　南雲　智
著　者　髙橋麻路
発行者　森下紀夫
発行所　論　創　社

〒 101-0051　東京都千代田区神田神保町 2-23　北井ビル

tel. 03（3264）5254　fa x. 03（3264）5232　https://ronso.c o.jp
振替口座　00160-1-15526

本文・カバーデザイン　岡本美智代（mos96）
印刷・製本　精文堂印刷　組版　桃青社
ISBN978-4-8460-2245-7

落丁・乱丁本はお取替えいたします。